영어 라이팅, 어렵고 지루한 고행일까?

우리말을 영작하거나 뭔가 자신의 생각을 영어로 논리적으로 쓰는 연습을 한다고 하면 보통은 어렵고 딱딱하고 지루한 공부를 떠올립니다. 지루해서 대단한 인내심이 있어야 할 수 있는 공부라고 생각하죠. 이에 대해 한일의 영어 라이팅 훈련 시리즈는 라이팅 학습이 왜 꼭 그러해야 하냐고 반문합니다. 한일의 영어 라이팅 훈련 시리즈는 쉽고 재미있는 라이팅 훈련을 지향하고자 합니다. 지금까지 여러분들이 영어 독해나 리스닝 공부를 친숙하게 느껴온 것처럼 우리 곁의 정말 친근한 영어 라이팅 훈련의 동반자가 되기를 희망합니다. 먼저 출간된 〈영어 라이팅 훈련 실천 다이어리〉 시리즈로 학습하신 많은 분들이 '도전하기 쉬워서 좋았다.' '정말 문장이 저절로 길어지는 것 같아 신기했다'는 피드백을 보내주셨습니다. 학습자분들 중에는 독해와 리스닝 실력이 중급 이상이신 분들도 계셨는데요. '다 아는 문장들이라고 생각했는데 막상 써보려고 하니 정말 막막하네요.'라고 하시면서 쉬운 문장부터 써보는 훈련의 필요성에 공감해 주셨습니다.

이제는 읽거나 듣고 이해하는 것에서 한 걸음 더 나아가 말하거나 쓸 줄 알아야 하는 '표현 영어'의 시대입니다. 예전에는 독해와 리스닝 실력만 출중해도 영어를 잘한다는 말을 쉽게 들을 수 있었지만 이제는 자신의 생각을 정확한 영어로 말하거나 쓸 줄 알아야 비로소 영어 실력을 인정 받을 수 있는 때가 된 것입니다. 그만큼 영어로 이메일을 주고받거나 보고서를 작성하는 등 글로 의사를 표시해야 하는 경우가 늘어났다는 현실의 방증이겠죠.

여러분도 좀 더 적극적인 영어 공부의 세계에 빠지기를 희망하십니까? 그렇다면 영어 라이팅 훈련에 도전하십시오. 하루에 30분에서 한 시간씩만이라도 라이팅 훈련에 할애하겠다고 다짐해 보십시오. 꾸준한 실천이 따라준다면 낙숫물이 바위를 뚫듯 언젠가는 여러분이 원하는 수준에 도달해 있을 것입니다.

영어 라이팅 훈련
실천 확장 워크북 ①

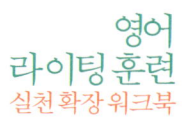

저자 한일
초판 1쇄 발행 2013년 11월 19일 **초판 4쇄 발행** 2020년 2월 18일

발행인 박효상 **편집장** 김현 **편집** 김준하, 김설아, 배수현 **디자인** 이연진 **마케팅** 이태호, 이전희 **관리** 김태옥
디자인·조판 the PAGE 박성미

출판등록 제10-1835호 **발행처** 사람in **주소** 04034 서울시 마포구 양화로11길 14-10(서교동) 3F
전화 02) 338-3555(代) **팩스** 02) 338-3545 **E-mail** saramin@netsgo.com
Website www.saramin.com

책값은 뒤표지에 있습니다.
파본은 바꾸어 드립니다.

ⓒ 한일 2013

ISBN
978-89-6049-367-4 13740
978-89-6049-286-8 (set)

우아한 지적만보, 기민한 실사구시 사람in

# 영어
// 라이팅 훈련
// ## 실천 확장 워크북
// ①

사람in
saram
in.com

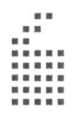

Preface

외국어 습득의 끝은 그 나라 말로 글을 쓸 수 있는가입니다. 글이 없었다면, 시, 소설, 수필 등 수많은 문학 작품들이 지금까지 남아 있지 않겠죠. 글을 쓰기 위해 사용하는 단어들은 기억하기 쉬운 철자와 발음으로 진화했고, 그 단어들은 전달하는 내용의 일관성을 지니기 위해 각각 자신에게 가장 좋은 자리를 정해 놓기 시작했습니다. 이렇게 철자와 단어가 오는 자리가 정해지면서 한번 쓰여진 글은 수 세대를 거쳐 내려오면서도 동일한 메시지를 전달할 수 있는 체계를 잡게 된 것입니다.

우리가 외국어를 배운다는 것은 각 단어가 메시지를 전달하기 위해 가장 좋은 위치라고 선정한 그 자리를 익히는 것이라고 할 수 있습니다. 이것을 다른 말로는 '문법'이라고도 하지요. '문법'이라는 용어가 학습자들에게는 부담스러운 용어이긴 하지만 이것이 있기 때문에 우리는 원하는 메시지를 올바로 전달할 수 있는 것입니다.

〈영어 라이팅 훈련 실천 확장 워크북〉 시리즈는 〈영어 라이팅 훈련 실천 다이어리〉 시리즈와 동일한 필수 문법 포인트 75개를 사용하여 쓰기 훈련을 합니다. 우리가 영어로 말을 하거나 글을 쓸 때 가장 자주 쓰게 되는 필수 문법 사항들만 뽑은 이 75개의 문법 포인트로 문장을 쓸 수 있어야 비로소 영어로 문장을 쓸 수 있다고 말할 수 있습니다. 문장의 뼈대를 이루는 필수 문법 포인트들을 가지고 문장 쓰기 연습을 충분히 하면서 각 단어가 수천 번의 시행착오를 거쳐 가장 안정적인 위치에 자리 잡혀 있는 것을 익히도록 하세요.

우리나라 영어 라이팅 교육에서 가장 많이 사용되고 있는 교수법은 Translation(번역)과 Discourse Completion Task(빈칸 채우기)입니다. 개인적으로 〈영어 라이팅 훈련 실천 확장 워크북〉 시리즈를 통해 기존의 방식에 비해 학습자와 교사가 영어 라이팅을 좀 더 가깝고 쉽게 느낄 수 있는 다른 학습법을 책으로 소개할 수 있게 된 것에 의미가 크다고 봅니다. 들으면 생소할 수 있는 Substitution Table(바꿔 쓰기), Add Detail(살 붙여 쓰기), Questioning(질문&답변 문장 만들기), Perfect Sentence(완벽한 문장 쓰기), Speed Writing(빨리 쓰기)과 같은 이 책의 훈련 과정들이 모두 Writing 학습법을 대변하고 있고 여러분의 영어 라이팅 실력 향상에 많은 도움이 되는 방법들입니다. 말하기와 쓰기의 중요성이 점차 높아지고 있는 요즘, 교사와 학습자 모두가 라이팅 학습을 재미있는 영역으로 받아들이고 더 다양한 방법으로 Writing 학습에 도전할 수 있게 되기를 바랍니다.

저자 한일

〈영어 라이팅 훈련 실천 확장 워크북〉 시리즈엔
뭔가 특별한 것이 있다!

1. 75개 문법 포인트를 기반으로 한 총 3권 100개 Training

〈영어 라이팅 훈련 실천 확장 워크북〉 시리즈는 뼈대 문장을 이루는 문법 포인트별로 분류되어 총 3권, Book 1 30개 Training, Book 2 30개 Training, Book 3 40개 Training으로 총 100개 unit으로 구성되어 있습니다. 문법 포인트의 난이도가 조금씩 올라가므로 문장의 구조도 자연스럽게 조금씩 복잡해지지만 난이도의 차이가 크지 않아 학습자가 훈련하기를 원하는 부분을 골라서 훈련하는 것도 가능합니다.

2. 〈영어 라이팅 훈련 실천 다이어리〉 시리즈와 연계 지속 학습 가능

〈영어 라이팅 훈련 실천 확장 워크북〉 시리즈는 먼저 출간된 〈영어 라이팅 훈련 실천 다이어리〉 시리즈와 동일한 75개의 문법 포인트를 기반으로 더욱 다양한 문장들을 단기간에 많이 써 보는 훈련을 할 수 있도록 구성되었습니다. 다루는 문법 포인트의 순서도 동일하게 함으로써 두 라인의 교재를 연계 학습할 수 있도록 하였습니다. 즉, 〈영어 라이팅 훈련 실천 다이어리〉 1~3권으로 훈련한 후, 보충 심화 훈련 과정으로 〈영어 라이팅 훈련 실천 확장 워크북〉을 활용할 수 있습니다. 〈영어 라이팅 훈련 실천 다이어리〉는 문장 확장 방식의 쓰기 훈련이며, 〈영어 라이팅 훈련 실천 확장 워크북〉은 뼈대 문장을 활용해 다양한 문장을 만들고 이 문장을 여러 문장으로 확장하여 짧은 문단 쓰기가 가능해지도록 하였으므로 '실천 확장 워크북'의 난이도가 더 높아 '실천 다이어리'를 먼저 학습한 후, '실천 확장 워크북'으로 넘어가는 것이 좋습니다.

3. 쓰기에 저절로 재미를 붙이게 하는 5-step 라이팅

바꿔 쓰기 → 살 붙여 쓰기 → 다시 쓰기 → 질문&답변 문장 만들기 → 완벽한 문장 쓰기로 이어지는 5-step 라이팅 훈련을 한 후, 마지막으로 스피드 라이팅으로 마무리 복습 훈련을 함과 동시에 문장 체득률을 체크해 볼 수 있도록 하였습니다. 문장 쓰기 훈련에 그치지 않고 세 문장으로 이루어진 짧은 문단 쓰기에 도전하도록 하여 문단 쓰기의 첫걸음을 뗄 수 있게 하였습니다.

4. 자기주도형 독습용으로도, 수업용으로도 모두 OK

〈영어 라이팅 훈련 실천 확장 워크북〉은 독습용, 학원 수업 및 과제 용도로 모두 활용 가능하도록 학습 과정을 구성하였습니다. 수업용으로 활용할 시, Writing Work 1, 2, 4는 교사와 학생이 함께 해보고, Writing Work 3, 5는 혼자 스스로 하는 학습을 위한 과제로 활용할 수 있습니다.

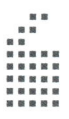

영어 라이팅 강자로 만들어 주는
학습 로드맵

〈영어 라이팅 훈련 실천 다이어리〉 시리즈와 함께 활용하면 100일 이상 연계 지속 훈련이 가능합니다!

 영어 라이팅 훈련 실천 다이어리 시리즈
75개 문법 포인트를 기반으로 문장 확장 방식을 도입한 100일 쓰기 훈련북

Story Writing 30일   E-mail Writing 30일   Essay Writing 30일

  영어 라이팅 훈련 실천 확장 워크북 시리즈
100일 실천을 확장, 심화하여 75개 문법 포인트를 기반으로 더 다양한 문장 쓰기에 도전하고 짧은 문단 쓰기까지 도전해 보는 5-step 라이팅 워크북

 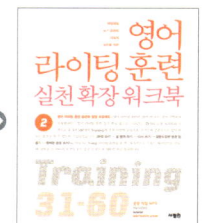 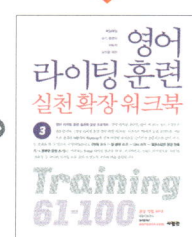

학습 제안

 plan A
〈영어 라이팅 훈련 실천 다이어리〉 1~3권을 모두 학습한 후, 〈영어 라이팅 훈련 실천 확장 워크북〉 1~3권의 더욱 다양한 문장으로 심화 훈련합니다.

 plan B
〈영어 라이팅 훈련 실천 다이어리〉의 각 Day(한 unit)가 끝날 때마다 〈영어 라이팅 훈련 실천 확장 워크북〉의 더욱 다양한 문장으로 보충 심화 훈련합니다. (Ex. 실천 다이어리 Day 1 + 실천 확장 워크북 Training 1) 수업에서 교재로 사용할 시에는 〈영어 라이팅 훈련 실천 확장 워크북〉을 과제용으로 활용할 수 있습니다.

 plan C
〈영어 라이팅 훈련 실천 다이어리〉 1권의 학습을 끝마치고 〈영어 라이팅 훈련 실천 확장 워크북〉 1권을 학습한 후, 다음 단계인 〈영어 라이팅 훈련 실천 다이어리〉 2권 학습으로 넘어갑니다.

〈영어 라이팅 훈련 실천 확장 워크북〉
훈련 과정 & 활용법

바꿔 쓰기 SUBSTITUTION table
writing WORK 01

영어는 '고정 언어(Fixed Language)'라고 합니다. 즉, 어떤 단어 뒤에 어떤 단어가 올지 정해져 있는 언어라는 말입니다. '바꿔 쓰기(Substitution Table)'는 고정되어 있는 순서를 지키면서 단어만 바꾸어서 새로운 문장을 만드는 연습을 하는 단계입니다. 이 연습을 많이 하면 어휘력과 내용 창조력이 좋아집니다. 문장 하나를 쓸 수 있다는 것은 다른 수많은 문장을 만들 수 있는 잠재력을 가지고 있다는 말과 같으며 바꿔 쓰기 단계가 그 능력을 키워 줄 것입니다.

활용법 상단에 주어진 대표 문장을 보고 각 대표 문장과 똑같은 구조의 문장을 핵심 단어(key word)만 바꿔서 쓰기 훈련합니다. 대표 문장 하나 당 2개씩의 도전 문장이 주어지며, 바로 옆에 주어진 핵심 단어가 어렵다면, 우측 하단에 나와 있는 second hint를 통해 단어의 뜻을 확인하고 써 보세요.

살 붙여 쓰기 ADD detail
writing WORK 02

'Writing Work 1 바꿔 쓰기'에서 살펴본 각 뼈대 문장이 주어지고, 그 앞뒤에 일어날 수 있는 상황을 상상하여 아이디어를 더해 세 문장으로 구성된 짧은 문단을 만들어 보는 순서입니다. Writing을 할 때 무엇을 쓸지 아이디어가 없어서 문장을 못 만드는 경우, 앞뒤에 일어날 수 있는 상황을 생각해보면 더 많은 문장을 만들어 낼 수 있습니다. 게다가 앞뒤에 덧붙는 문장들은 뼈대 문장의 내용을 쉽게 기억하게 하는 역할도 합니다. '살 붙여 쓰기(Add Detail)' 훈련을 통해 한 문장을 더 길고 자세한 내용을 담아 여러 문장으로 확장하는 능력을 키우고 문단 쓰기의 첫걸음을 떼어 보세요.

활용법 단어나 구 단위로 쪼개어져 순서가 섞여 있는 패널들을 어순에 맞게 재배열하여 주어진 뼈대 문장의 앞뒤에 문장을 추가해 살을 붙여 보세요. 세 문장 모두 완성하여 빈칸에 한 줄씩 각각 쓴 문장을 모으면 문단의 가장 최소 단위라 할 수 있는 세 문장으로 이루어진 짧은 문단이 만들어집니다.

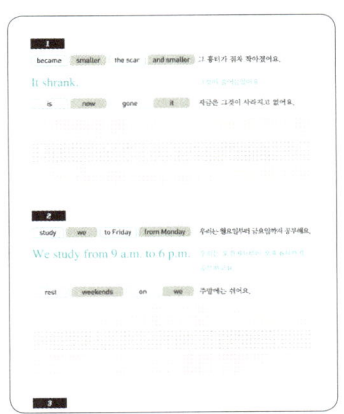

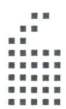

writing WORK 03 — 다시 쓰기 write AGAIN

쓰기는 질적인 연습(Quality Practice)보다 양적인 연습(Quantity practice)이 더 효과적입니다. 즉, 잘 쓰고 싶다면 많이 쓰라는 것입니다. '살 붙여 쓰기'에서 썼던 문장들을 다시 이어서 쓰기 연습함으로써 각 문장을 모아 짧은 단락(paragraph)을 구성할 수 있음을 체득할 수 있습니다. 각 문장을 하나의 흐름을 가지고 연속해서 쓰는 경우, 전체가 하나의 내용 덩어리가 되어 한꺼번에 기억하기 쉽고 나중에 다른 글을 쓸 때도 한 두 문장만 쓰고 막히는 일이 없도록 도와줄 것입니다.

활용법 'Writing Work 2 살 붙여 쓰기'에서 써 본 각 문장들을 죽 이어서 짧은 문단을 쓰는 느낌으로 가급적 빨리 써 봅시다. 이때, 앞에서 써 본 문장들을 보지 말고 주어진 우리말 해석만 보고 최대한 기억해 내어 단숨에 써내려 가세요.

writing WORK 04 — 질문&답변 문장 만들기 QUESTIONing

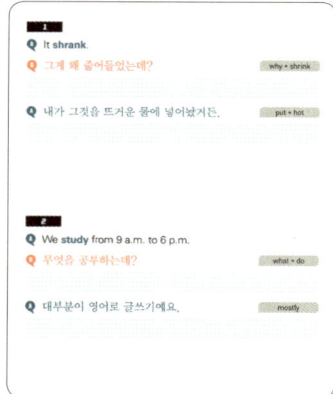

하루 일과는 What time is it?, Who is it?, Why do you think so?, When was it? Where are you? 등과 같은 wh- question으로 가득 차 있습니다. 그러므로 wh- question을 유창하게 쓰고 말할 수 있어야 하는 것은 당연한 말이겠죠. wh- question 역시 앞뒤 상황 속에서 사용되므로 흐름상 가장 적절한 wh- question을 만드는 연습을 해야 합니다. 앞에서 훈련한 대표 문장의 뼈대를 활용하여 질문과 답변 문장을 만들어 봄으로써 쓰기 훈련한 문장들을 일상 회화에도 적용할 수 있는 능력을 키울 수 있습니다.

활용법 앞에서 훈련한 뼈대 문장을 활용하여 일상 회화에서 자주 쓰이는 질문과 답변 문장을 만들어 봅시다. 부록으로 제공되는 MP3 파일 음원을 들으면서 써 본 문장의 말하기 훈련도 병행하여 라이팅과 스피킹을 연계 훈련하세요.

〈영어 라이팅 훈련 실천 확장 워크북〉
훈련 과정 & 활용법

완벽한 문장 쓰기 PERFECT sentence

writing WORK 05

연습(practice)은 실수(mistake)를 허락하고 그것을 통해서 배우지만, 실전(test)은 실수를 용납하지 않습니다. 그래서 연습만 하면 실수하는 것에 대한 심각성을 자각하지 못하는 경우가 있습니다. 그러므로 실전과 비슷한 상황에서 스스로 테스트해 보는 것이 중요한데요, Perfect Sentence가 그것을 도와주는 순서입니다. 쉬운 문장을 쓰더라도 반드시 100% 완벽하다고 보장할 수 있는 문장만을 써야 합니다. 어려운 문장을 써서 틀릴 바에야 쉽게 쓰고 맞는 문장을 쓰도록 합시다. Perfect Sentence는 자신의 실력으로 어디까지 맞는 문장을 쓸 수 있는지 보여 주고 실전 라이팅 시험에 대한 두려움을 줄여 줄 것입니다.

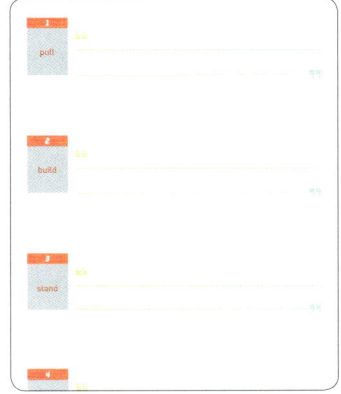

활용법 4단계에 걸쳐 뼈대 문장 쓰기 훈련을 했다면 이번에는 지금까지 숙지한 문장 구조와 주어진 어구를 활용하여 내가 만들고 싶은 문장을 만들어 봅시다. 단, 문법적 오류가 없는 100% 완벽한 문장을 쓰도록 최대한 노력해야 된다는 것을 잊지 마세요! 답안에는 샘플 문장이 두 개씩 주어집니다.

별책 빨리 쓰기 SPEED WRITING

Speed Writing

본 교재에서 문장 쓰기에 도전할 때 걸린 시간보다 짧은 시간 내에 쓸 수 있도록 훈련해야 합니다. 그래야 정확성과 유창성이 향상되기 때문이죠. 했던 것을 반복할 때 우리는 숙달되게 되는데 이 숙달의 정도를 판단할 수 있는 것이 바로 '속도'와 '정확성'입니다. Speed Writing은 '숙련도+정확성+유창성'을 높이는 데 탁월한 효과가 있습니다. 훈련한 문장들을 재빨리 기억해 내어 더 빨리 쓰기 훈련을 함으로써 내용 기억을 강화하고 앞서 훈련한 문장들의 체득률을 점검할 수 있습니다.

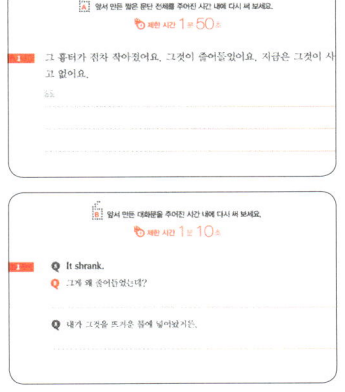

활용법 본책에서 훈련한 문장들을 모아 최종적으로 스피드 라이팅 훈련을 해 봅시다. '속도'와 '정확성', 두 마리의 토끼를 모두 잡을 수 있도록 제한 시간 내에 최대한 집중하여 머릿속에 입력된 문장들을 재빨리 출력(output)할 수 있도록 노력하세요. 수업용으로 활용할 때는 스피드 라이팅 훈련북을 과제나 테스트용으로 활용할 수 있습니다.

▶ **문장 익힘 MP3 파일 다운로드** 사람in 홈페이지 www.saramin.com에서 무료로 제공하고 있는 '문장 익힘 MP3 파일'을 다운로드 받는 것도 잊지 마세요! Speed Writing에 수록된 모든 문장들을 네이티브 스피커의 음성으로 확인할 수 있습니다. 손으로 써 본 문장을 음성으로 듣고 여러 번 소리 내어 따라 읽으면 확실히 나의 문장으로 만들 수 있겠죠. 문장을 손으로 익히고 귀로 익히고 입으로도 익히세요!

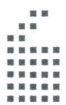

Curriculum

Unit	Target Grammar	Example Sentence
Training 01	주어+동사	It shrank.
Training 02	주어+be동사+형용사/명사	He is outgoing.
Training 03	'전치사+명사'의 사용	I go to school by bus.
Training 04	'전치사+명사' 여러 개 써서 문장 늘리기	I played soccer with my friends after school.
Training 05	to부정사의 부사적 용법	He turned on his laptop to show us some pictures.
Training 06	Review & Practice : 주말에 한 일 서술하기	
Training 07	There is/are의 사용	There is no one here by that name.
Training 08	빈도수 높은 형용사의 사용	I have never eaten such delicious food before.
Training 09	to부정사의 형용사적 용법	I need time to think about it.
Training 10	-thing 뒤에 수식어구 붙이기	He always tells me something good.
Training 11	-ly가 붙는 부사	I usually fall asleep easily.
Training 12	Review & Practice : 1월에 해야 할 일 서술하기	
Training 13	빈도부사	He always makes me laugh.
Training 14	과거분사 -ed	You should memorize the listed words.
Training 15	과거분사+전치사구	I like the item displayed in the window.

Review & Practice에서는 앞서 훈련한 문장들을 빈칸 채우기 하면서 복습해 봄과 동시에 실전 적용 능력을 키울 수 있도록 '서술형 과제'가 하나씩 주어집니다.

Unit	Target Grammar	Example Sentence
Training 16	현재분사 -ing	Children should not run on the moving walkway.
Training 17	현재분사+전치사구	Take an express train departing at two.
Training 18	*Review & Practice* : 비행기 표 예약 상황 설명하기	
Training 19	불규칙 동사의 과거분사 -en	He revealed the hidden secret.
Training 20	수동태	The exit sign is placed above the door.
Training 21	현재진행형과 과거진행형	People were waiting at the crossroad.
Training 22	수여동사	She sent the text message to David last night.
Training 23	have를 써야 하는 네 가지 경우	I have to do my homework first.
Training 24	현재완료형	I have been there before.
Training 25	미래형과 미래진행형	I will meet you at the lobby.
Training 26	*Review & Practice* : 기사 읽고 육하원칙에 따라 요약하기	
Training 27	명사 뒤에 문장 쓰기: 형용사절 1	I heard the same strange sound you heard.
Training 28	명사 뒤에 문장 쓰기: 형용사절 2	The problem I have is serious.
Training 29	형용사, 전치사구, 형용사절을 한 문장 안에 쓰기	I read the long text message you received from Miki.
Training 30	*Review & Practice* : 일기예보 쓰기	

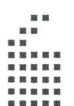

〈영어 라이팅 훈련 실천 확장 워크북〉
훈련 플래너

📗 본 교재

Training 01	Training 02	Training 03	Training 04	Training 05	Training 06 Review
월 일 ⏰ : ~ :	월 일 ⏰ : ~ :	월 일 ⏰ : ~ :	월 일 ⏰ : ~ :	월 일 ⏰ : ~ :	월 일 ⏰ : ~ :
Training 07	Training 08	Training 09	Training 10	Training 11	Training 12 Review
월 일 ⏰ : ~ :	월 일 ⏰ : ~ :	월 일 ⏰ : ~ :	월 일 ⏰ : ~ :	월 일 ⏰ : ~ :	월 일 ⏰ : ~ :
Training 13	Training 14	Training 15	Training 16	Training 17	Training 18 Review
월 일 ⏰ : ~ :	월 일 ⏰ : ~ :	월 일 ⏰ : ~ :	월 일 ⏰ : ~ :	월 일 ⏰ : ~ :	월 일 ⏰ : ~ :
Training 19	Training 20	Training 21	Training 22	Training 23	Training 24
월 일 ⏰ : ~ :	월 일 ⏰ : ~ :	월 일 ⏰ : ~ :	월 일 ⏰ : ~ :	월 일 ⏰ : ~ :	월 일 ⏰ : ~ :
Training 25	Training 26 Review	Training 27	Training 28	Training 29	Training 30 Review
월 일 ⏰ : ~ :	월 일 ⏰ : ~ :	월 일 ⏰ : ~ :	월 일 ⏰ : ~ :	월 일 ⏰ : ~ :	월 일 ⏰ : ~ :

훈련 날짜를 기록하면서 하루도 빠뜨리지 말고 라이팅 훈련하세요!

📙 Speed Writing

Training 01	Training 02	Training 03	Training 04	Training 05	Training 06 Review
월 일 ⏰ : ~ :	월 일 ⏰ : ~ :	월 일 ⏰ : ~ :	월 일 ⏰ : ~ :	월 일 ⏰ : ~ :	월 일 ⏰ : ~ :
Training 07	Training 08	Training 09	Training 10	Training 11	Training 12 Review
월 일 ⏰ : ~ :	월 일 ⏰ : ~ :	월 일 ⏰ : ~ :	월 일 ⏰ : ~ :	월 일 ⏰ : ~ :	월 일 ⏰ : ~ :
Training 13	Training 14	Training 15	Training 16	Training 17	Training 18 Review
월 일 ⏰ : ~ :	월 일 ⏰ : ~ :	월 일 ⏰ : ~ :	월 일 ⏰ : ~ :	월 일 ⏰ : ~ :	월 일 ⏰ : ~ :
Training 19	Training 20	Training 21	Training 22	Training 23	Training 24
월 일 ⏰ : ~ :	월 일 ⏰ : ~ :	월 일 ⏰ : ~ :	월 일 ⏰ : ~ :	월 일 ⏰ : ~ :	월 일 ⏰ : ~ :
Training 25	Training 26 Review	Training 27	Training 28	Training 29	Training 30 Review
월 일 ⏰ : ~ :	월 일 ⏰ : ~ :	월 일 ⏰ : ~ :	월 일 ⏰ : ~ :	월 일 ⏰ : ~ :	월 일 ⏰ : ~ :

Book 1의 훈련을 모두 완수하였다면 여기서 포기하지 말고 Book 2에 도전해 봅시다!

02 주어＋동사

훈련

이번 과에서는 모든 문장의 시작이라 할 수 있는 기본 형태,
'주어＋동사'의 구조를 가진 문장을 쓰기 훈련해 봅니다.

다음 문법 지식을 알아두면
문장을 만들 때 훨씬 쉽게 만들 수 있습니다.

TARGET GRAMMAR

자동사 　동사가 나타내는 동작이나 작용이 주어에만 미치는 동사로, 목적어를 필요로 하지 않는다.
　　　　　주어 – 자동사
　　　　　Ex. She **runs**. 그녀는 **뛰어요**.

타동사 　동사가 무엇을 하는지 알려주는 목적어를 필요로 하는 동사
　　　　　주어 – 타동사 – 목적어
　　　　　Ex. We **study** English. 우리는 영어를 **공부해요**.

writing WORK

SUBSTITUTION table

바꿔 쓰기

주어진 문장을 참고하여 단어를 바꿔서 새로운 문장을 만들어 보세요.

1

It shrank.
그게 줄어들었어요.

도전 문장 ❶ 그것은 도움이 돼요. — `help`

도전 문장 ❷ 그것은 (제대로) 작동돼요. — `work`

2

We study from 9 a.m. to 6 p.m.
우리는 오전 9시부터 오후 6시까지 공부해요.

도전 문장 ❶ 저는 7시부터 8시까지 TV를 봐요. — `watch`

도전 문장 ❷ 그녀는 2시까지 기다렸어요. — `until`

3

He looks happy.
그는 행복해 보여요.

도전 문장 ❶ 당신은 흰색이 잘 어울려요. — `in white`

도전 문장 ❷ 저에게는 그게 괜찮아 보여요. — `to me`

Second Hint

1
shrink 줄어들다
help 도움이 되다
work 작동되다

2
until ~까지

writing WORK 02

ADD detail

살 붙여 쓰기

내용상 흐름이 자연스럽게 이어지도록 주어진 문장의 앞과 뒤에 문장을 추가해 짧은 문단을 만들어 보는 순서입니다.
주어진 단어를 순서에 맞게 배열하여 완성 문장을 만들어 보세요.

Second Hint

1
scar 흉터
—
2
rest 쉬다
on weekends 주말에
—
3
go well 잘 되어가다

1

| became | smaller | the scar | and smaller | 그 흉터가 점차 작아졌어요.

It shrank. 그것이 줄어들었어요.

| is | now | gone | it | 지금은 그것이 사라지고 없어요.

2

| study | we | to Friday | from Monday | 우리는 월요일부터 금요일까지 공부해요.

We study from 9 a.m. to 6 p.m. 우리는 오전 9시부터 오후 6시까지 공부하고요.

| rest | weekends | on | we | 주말에는 쉬어요.

3

| 'hi' | said | me | he | to | 그가 저에게 '안녕'이라고 인사했어요.

He looks happy. 그는 행복해 보여요.

| is going | everything | well | I | think | 모든 일이 다 잘 되나 봐요.

writing WORK 03

write AGAIN
다시 쓰기
앞서 만든 짧은 문단 전체를 이어서 다시 써 보세요.

1

그 흉터가 점차 작아졌어요. 그것이 줄어들었어요. 지금은 그것이 사라지고 없어요.

2

우리는 월요일부터 금요일까지 공부해요. 우리는 오전 9시부터 오후 6시까지 공부하고요. 주말에는 쉬어요.

3

그가 저에게 '안녕'이라고 인사했어요. 그는 행복해 보여요. 모든 일이 다 잘 되나 봐요.

여기서 끝이 아니다!
Speed Writing Book에서
빨리 쓰기 훈련을 통해
완전히 내 것으로 소화시키세요.

writing WORK

QUESTIONing

질문 &
답변 문장
만 들 기

Wh- question 또는 일반의문문의 문장을 만들어 보세요. 그런 다음 그 질문에 답하는 문장을 써 보세요.

1

A It **shrank**.

B 그게 왜 줄어들었는데?   `why • shrink`

A 내가 그것을 뜨거운 물에 넣어놨거든.   `put • hot`

2

A We **study** from 9 a.m. to 6 p.m.

B 무엇을 공부하는데?   `what • do`

A 대부분이 영어로 글쓰기예요.   `mostly`

3

A He **looks** happy.

B 왜 그렇게 생각하는데?   `think so • why`

A 그가 내게 밝게 웃으면서 '안녕'이라고 인사했거든.
                                            `smiled brightly`

Second Hint

2
mostly 대부분이, 대체적으로

—

3
brightly 환하게, 밝게

writing WORK 05

PERFECT sentence

완 벽 한 문장 쓰기

주어진 '동사'를 사용하여 문법상 오류가 없는 완벽한 문장을 만들어 보세요.

1. pull

2. build

3. stand

4. support

5. contain

Training 01 주어+동사

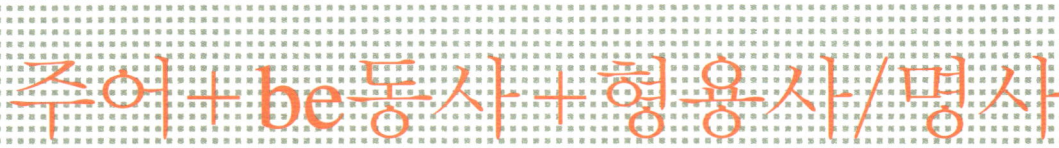

주어+be동사+형용사/명사

이번 과에서는 '(주어)는 ~이다'의 의미로, 주어의 상태나 성격을 나타내주는 '주어+be동사+형용사/명사'의 구조를 가진 문장을 쓰기 훈련해 봅니다.

다음 문법 지식을 알아두면
문장을 만들 때 훨씬 쉽게 만들 수 있습니다.

TARGET GRAMMAR

- 주어의 상태나 성격을 설명할 때는 '주어+be동사+형용사/명사'로 표현한다. 이때 형용사나 명사는 be동사의 뜻이 완전해 지도록 보완하는 역할을 한다고 해서 보어라고 부른다.

  주어 – be동사 – 형용사

  Ex. It is **helpful**. 그것은 **도움이 돼요**.

- be동사 대신 사용할 수 있는 동사: look, seem, sound, appear, feel

  주어 – 동사 – 형용사

  Ex. She looks **pretty**. 그녀는 **예뻐** 보여요.

writing WORK

SUBSTITUTION table

바꿔 쓰기

주어진 문장을 참고하여 단어를 바꿔서 새로운 문장을 만들어 보세요.

1

He is outgoing.
그는 외향적이에요.

도전 문장 ❶ 그녀는 침착해요. — calm

도전 문장 ❷ 그들은 활동적이었어요. — active

2

You are safe now.
당신은 이제 안전해요.

도전 문장 ❶ 그 책은 재미있어요. — interesting

도전 문장 ❷ 그때 당신이 옳았어요. — right

3

This item was really expensive.
그 물건은 정말 비쌌거든요.

도전 문장 ❶ 이 장소는 정말 넓어요. — place

도전 문장 ❷ 그들의 아이디어는 정말 창조적이에요. — creative

Second Hint

1
outgoing 외향적인
calm 침착한
active 활동적인

2
safe 안전한
interesting 재미있는
right 옳은

3
expensive 비싼
place 장소
creative 창조적인

writing WORK 02

ADD detail

살 붙여 쓰기

내용상 흐름이 자연스럽게 이어지도록 주어진 문장의 앞과 뒤에 문장을 추가해 짧은 문단을 만들어 보는 순서입니다.
주어진 단어를 순서에 맞게 배열하여 완성 문장을 만들어 보세요.

Second Hint

2
for a while 당분간

—

3
price 가격
item 물건
popular 인기 있는

1

[home] [is] [never] [he] [at]   그는 집에 붙어있지를 않아요.

He is outgoing.   그는 외향적이에요.

[people] [he] [to meet] [likes]   그는 사람들을 만나는 것을 좋아해요.

2

[it] [dangerous] [was]   그것은 위험했어요.

You are safe now.   당신은 이제 안전해요.

[for a while] [stay] [you] [here]   여기에 당분간 머물러 있도록 해요.

3

[down] [is] [going] [the price]   가격이 내려가고 있는 중이에요.

This item was really expensive.   이 물건은 정말 비쌌거든요.

[very] [was] [popular] [it]   그것은 매우 인기가 좋았어요.

writing WORK 03
write AGAIN
다시 쓰기
앞서 만든 짧은 문단 전체를 이어서 다시 써 보세요.

1

그는 집에 붙어있지를 않아요. 그는 외향적이에요. 그는 사람들을 만나는 것을 좋아해요.

2

그것은 위험했어요. 당신은 이제 안전해요. 여기에 당분간 머물러 있도록 해요.

3

가격이 내려가고 있는 중이에요. 이 물건은 정말 비쌌거든요. 그것은 매우 인기가 좋았어요.

여기서 끝이 아니다!
Speed Writing Book에서
빨리 쓰기 훈련을 통해
* 완전히 내 것으로 소화시키세요.

Training 02 주어+be동사+형용사/명사

writing WORK 04

QUESTIONing
질문 & 답변 문장 만들기

Wh- question 또는 일반의문문의 문장을 만들어 보세요. 그런 다음 그 질문에 답하는 문장을 써 보세요.

1

A He **is outgoing**.

B 왜 그렇게 생각해? `so • do you`

A 그는 매주 캠핑을 가거든. `goes • every`

2

A You **are safe** now.

B 내가 언제 그것을 다시 확인해 봐야 하지? `should • again`

A 내일 확인해 봐. `tomorrow`

Second Hint

1
go camping 캠핑을 가다

2
check 확인하다

3
cheap (가격이) 싼
discount 할인

3

A This item **was** really **expensive**.

B 그거 지금은 좀 싸니? `cheap`

A 응, 할인을 해 줬거든. `gave me a discount`

05

writing WORK

PERFECT sentence

완벽한 문장 쓰기

주어진 'be동사'를 사용하여 문법상 오류가 없는 완벽한 문장을 만들어 보세요.

1 are

2 is

3 was

4 were

5 be

Training 02 주어+be동사+형용사/명사

'전치사+명사'의 사용

이번 과에서는 '전치사+명사'를 사용하여 앞에 있는 동사나 명사를 수식하는 문장을 쓰기 훈련해 봅니다.

다음 문법 지식을 알아두면
문장을 만들 때 훨씬 쉽게 만들 수 있습니다.
TARGET GRAMMAR

- 전치사구인 '전치사+명사'가 '~을 위해, ~에게, ~안에서, ~와 함께' 등 여러 가지 의미로 앞에 있는 동사를 수식하는 부사적 용법으로 쓰이는 경우

  Ex. The students need time **for this**. 그 학생들은 **이것을 위해서** 시간이 필요해요.

- 전치사구인 '전치사+명사'가 한 단어처럼 바로 앞 명사를 수식해주는 형용사적 용법으로 쓰이는 경우

  Ex. The students **in this class** need time. **교실에 있는** 그 학생들은 시간이 필요해요.

writing WORK 01

SUBSTITUTION table

바꿔 쓰기

주어진 문장을 참고하여 단어를 바꿔서 새로운 문장을 만들어 보세요.

1

I go to school by bus.
저는 버스로 학교에 가요.

도전 문장 ❶ 저는 자전거로 공원에 가요. `bicycle`

도전 문장 ❷ 그는 걸어서 학교에 가요. `on foot`

2

Your friend left this for you.
당신 친구가 당신한테 이걸 남겼어요.

도전 문장 ❶ 제 친구가 저에게 메모를 남겼어요. `left`

도전 문장 ❷ 제 부모님께서 저에게서 그것을 가져갔어요. `took`

3

We woke up early in the morning.
우리는 아침 일찍 일어났어요.

도전 문장 ❶ 저는 아침 일찍 운동해요. `do`

도전 문장 ❷ 저는 밤 늦게 쿠키를 먹었어요. `late`

Second Hint

1
by bicycle 자전거로
on foot 걸어서

—

2
leave 남겨 두다, 남기다
take 가지고 가다

—

3
wake up 일어나다
do exercise 운동을 하다
late 늦게

Training 03 '전치사+명사'의 사용

write AGAIN
다시 쓰기
앞서 만든 짧은 문단 전체를 이어서 다시 써 보세요.

1

저희 학교는 여기에서 멀어요. 저는 버스로 학교에 가요. 15분 걸리거든요.

2

그게 뭐예요? 당신 친구가 당신한테 이걸 남겼어요. 그게 뭔지 궁금해요.

3

우리는 피곤해요. 아침에 일찍 일어났거든요. 우리는 새벽 5시에 버스를 탔어요.

여기서 끝이 아니다!
Speed Writing Book에서
빨리 쓰기 훈련을 통해
★ 완전히 내 것으로 소화시키세요.

writing WORK

QUESTIONing

질문 & 답변 문장 만들기

Wh- question 또는 일반의문문의 문장을 만들어 보세요. 그런 다음 그 질문에 답하는 문장을 써 보세요.

1

A I go to school **by bus**.

B 너희 학교가 어디에 있는데?   `where • your`

A 발보아 시에 있어.   `it • in`

2

A Your friend left this **for you**.

B 정말? 그게 언제였지?   `was`

A 한 시간 전이었어.   `it • ago`

3

A We woke up early **in the morning**.

B 그게 몇 시였는데?   `was`

A 새벽 4시.   `was • a.m.`

Second Hint

2
ago (얼마의 시간) 전에
—
3
wake up (잠에서) 깨다

writing WORK

05

PERFECT sentence

완벽한 문장 쓰기

주어진 '전치사+명사'를 사용하여 문법상 오류가 없는 완벽한 문장을 만들어 보세요.

1 to the point

2 at the corner

3 in a warm mood

4 through his speech

5 for your safety

Training 03 '전치사+명사'의 사용

'전치사+명사'
여러 개 써서 문장 늘리기

이번 과에서는 '전치사+명사'를 여러 개 써서 문장을 길게 늘려 쓰는 훈련을 해 봅니다.

다음 문법 지식을 알아두면
문장을 만들 때 훨씬 쉽게 만들 수 있습니다.

TARGET GRAMMAR

- 전치사구(전치사+명사)는 내용이 허락하는 한 여러 개를 붙일 수 있으며 보통 3개까지를 최대로 본다.

  주어 – 타동사 – 목적어 – 전치사구1 – 전치사구2

  Ex. The woman helped the children **in the school from 9 a.m**.
  그 여자는 **아침 9시부터 학교에 있는** 아이들을 도와주었어요.

writing WORK

SUBSTITUTION table

바꿔 쓰기

주어진 문장을 참고하여 단어를 바꿔서 새로운 문장을 만들어 보세요.

1

I played soccer with my friends after school.
저는 방과 후에 친구와 축구를 했어요.

도전 문장 ❶ 저는 쉬는 시간에 친구와 농구를 했어요.　　`during • break`

도전 문장 ❷ 우리는 교실에서 수업 시간 전에 게임을 했어요.　　`before`

2

Some students commute two hours to school by subway. 일부 학생들은 학교에 지하철로 두 시간 동안 통학해요.

도전 문장 ❶ 나는 직장에 버스로 한 시간 반 동안 통근해요.　　`one and a half hours`

도전 문장 ❷ 그들은 토요일 오후 12시부터 사무실에서 다섯 시간 동안 일해요.　　`from • on`

Second Hint

1
play soccer 축구를 하다
break 쉬는 시간

2
commute 통근하다
by subway 지하철로

Training 04 '전치사+명사' 여러 개 써서 문장 늘리기

writing WORK

SUBSTITUTION table

3

She bought the book for twenty dollars to do her homework by tomorrow.

그녀는 내일까지 그녀의 숙제를 하기 위해 20달러 주고 그 책을 샀어요.

도전 문장 ❶ 그녀는 집에서 그녀의 숙제를 하기 위해 무료로 그 책을 빌렸어요.

`borrowed • for free`

도전 문장 ❷ 그녀는 서점에서 다른 책을 사기 위해 그 책을 10달러에 팔았어요.

`sold • another • bookstore`

Second Hint

3
homework 숙제
borrow 빌리다
for free 무료로
sell 팔다
bookstore 서점

1

[home] [I] [directly] [go] [didn't]

저는 집으로 바로 가지 않았어요.

I played soccer after school with my friends.

저는 방과 후에 친구와 축구를 했어요.

[four o'clock] [in] [we] [the schoolyard] [until] [were]

우리는 학교 운동장에 4시까지 있었어요.

2

[my school] [live] [I] [to] [close]

저는 저의 학교에서 가까운 곳에 살아요.

Some students commute two hours to school by subway.

일부 학생들은 지하철로 두 시간 동안 통학해요.

[to come] [it] [difficult] [must be] [for them] [to class]

수업에 오는 것이 그들에게는 틀림없이 힘들 거예요.

writing WORK 02

ADD detail

살 붙여 쓰기

내용상 흐름이 자연스럽게 이어지도록 주어진 문장의 앞과 뒤에 문장을 추가해 짧은 문단을 만들어 보세요.
주어진 단어를 순서에 맞게 배열하여 완성 문장을 만들어 보세요.

Second Hint

1
directly 곧바로
schoolyard 학교 운동장

3

(time) (didn't have) (she) (much)   그녀는 시간이 많지 않았어요.

She bought the book for twenty dollars to do her homework by tomorrow.   그녀는 내일까지 그녀의 숙제를 하기 위해 20달러에 그 책을 샀어요.

(the pictures) (use) (she) (the book) (needed to) (in)   그녀는 그 책에 있는 그림들을 써야 했거든요.

writing WORK 03

write AGAIN

다시 쓰기

앞서 만든 짧은 문단 전체를 이어서 다시 써 보세요.

1

저는 집으로 바로 가지 않았어요. 저는 방과 후에 친구와 축구를 했어요. 우리는 학교 운동장에 4시까지 있었어요.

2

저는 저의 학교에서 가까운 곳에 살아요. 일부 학생들은 지하철로 두 시간 동안 통학해요. 수업에 오는 것이 그들에게는 틀림없이 힘들 거예요.

3

그녀는 시간이 많지 않았어요. 그녀는 내일까지 그녀의 숙제를 하기 위해 20달러에 그 책을 샀어요. 그 책에 있는 그림들을 써야 했거든요.

여기서 끝이 아니다!
Speed Writing Book에서
빨리 쓰기 훈련을 통해
완전히 내 것으로 소화시키세요.

Training 04 '전치사+명사' 여러 개 써서 문장 늘리기

— writing WORK —

QUESTIONing

질 문 &
답변 문장
만 들 기

Wh- question 또는 일반의문문의 문장을 만들어 보세요. 그런 다음 그 질문에 답하는 문장을 써 보세요.

1

A I played soccer **after school with my friends**.

B 너 축구 좋아하니?   `do`

A 엄청 좋아하지.   `love`

2

A Some students commute two hours **to school by subway**.

B 너는 어때?   `how about`

A 나는 학교 근처에 살아.   `near`

3

A She bought the book **for twenty dollars** to do her homework **by tomorrow**.

B 내일이 기한이니?   `deadline`

A 응, 그녀가 말하길 내일이 기한이래.   `she said ~`

Second Hint

2
near ~ 근처에

3
deadline 마감일, 기한

writing WORK 05

PERFECT sentence

완 벽 한 문장 쓰기

주어진 '전치사'를 사용하여 문법상 오류가 없는 완벽한 문장을 만들어 보세요.

1 in / by

2 around / with

3 from / to

4 behind / for

5 after / because of

Training 04 '전치사+명사' 여러 개 써서 문장 늘리기

to부정사의 부사적 용법

이번 과에서는 '~하기 위해서'라는 의미로 주로 해석되는 to부정사의 부사적 용법이 들어가 있는 문장을 쓰기 훈련해 봅니다.

다음 문법 지식을 알아두면
문장을 만들 때 훨씬 쉽게 만들 수 있습니다.

TARGET GRAMMAR

in order to 주로 in order를 생략하고 '~하기 위해서, ~해서'의 의미로 해석되는 to부정사의 부사적 용법으로 쓰인다.

주어 – 동사 – 목적어 – to부정사

Ex. I bought it **to give you**. 저는 **당신에게 주기 위해서** 그것을 샀어요.

writing WORK 01

SUBSTITUTION table
바꿔 쓰기

주어진 문장을 참고하여 단어를 바꿔서 새로운 문장을 만들어 보세요.

1

He turned on his laptop **to show us some pictures**. 그는 우리에게 사진을 몇 장 보여주기 위해 그의 노트북을 켰어요.

도전 문장 ❶ 그는 우리로부터 사진 몇 장을 감추기 위해 그의 컴퓨터를 껐어요. `turn off • hide`

도전 문장 ❷ 그는 그의 거실을 보여주기 위해 모든 전등을 다 켰어요. `turn on • show`

2

I came home early **to keep my promise**. 저는 저의 약속을 지키기 위해 집에 일찍 왔어요.

도전 문장 ❶ 그녀는 심부름을 하지 않기 위해 집에 늦게 왔어요. `errands`

도전 문장 ❷ 저는 시간을 지키기 위해 집에서 일찍 나왔어요. `keep`

3

I'm trying to make a bank account **to save some money**. 전 돈을 좀 모으기 위해 통장을 만들려고 하는 중이에요.

도전 문장 ❶ 저는 제 돈을 두 배로 늘리기 위해 통장을 만들려고 하는 중이에요. `double`

도전 문장 ❷ 저는 소득을 늘리기 위해 통장을 만들려고 하는 중이에요. `increase`

Second Hint

1
turn on 켜다
laptop 노트북 컴퓨터
hide 감추다
light 전등

2
keep one's promise 약속을 지키다
do errands 심부름을 하다

3
bank account 통장
save money 저축하다
increase 늘리다
earnings 소득, 수입

writing WORK

ADD detail

살 붙여 쓰기

내용상 흐름이 자연스럽게 이어지도록 주어진 문장의 앞과 뒤에 문장을 추가해 짧은 문단을 만들어 보는 순서입니다.
주어진 단어를 순서에 맞게 배열하여 완성 문장을 만들어 보세요.

1

[brought] [he] [to] [his laptop] [the meeting] 그는 그의 노트북을 회의에 가지고 왔어요.

He turned on his laptop to show us some pictures. 그는 우리에게 사진을 몇 장 보여주기 위해 그의 노트북을 켰어요.

[his] [were] [a great help] [to understand] [the pictures] [method] 그 사진들은 그의 방법을 이해하는 데 큰 도움이 되었어요.

2

[to] [my word] [I] [gave] [her] 저는 그녀에게 약속을 했어요.

I came home early to keep my promise. 저는 약속을 지키기 위해 집에 일찍 왔어요.

[she] [but] [there] [wasn't] 그러나 그녀는 거기에 없었어요.

Second Hint

1
meeting 회의
method 방법

2
give one's word to
~에게 약속을 하다

3

[to spend] [want] [I] [don't]
[all] [my money] [at once]

I'm trying to make a bank account to save some money.

[to set] [I] [not to] [money]
[waste] [need] [a plan]

저는 저의 돈을 한꺼번에 모두 쓰고 싶지 않아요.

저는 돈을 좀 모으기 위해 통장을 만들려고 하는 중이에요.

저는 돈을 낭비하지 않기 위해 계획을 세울 필요가 있어요.

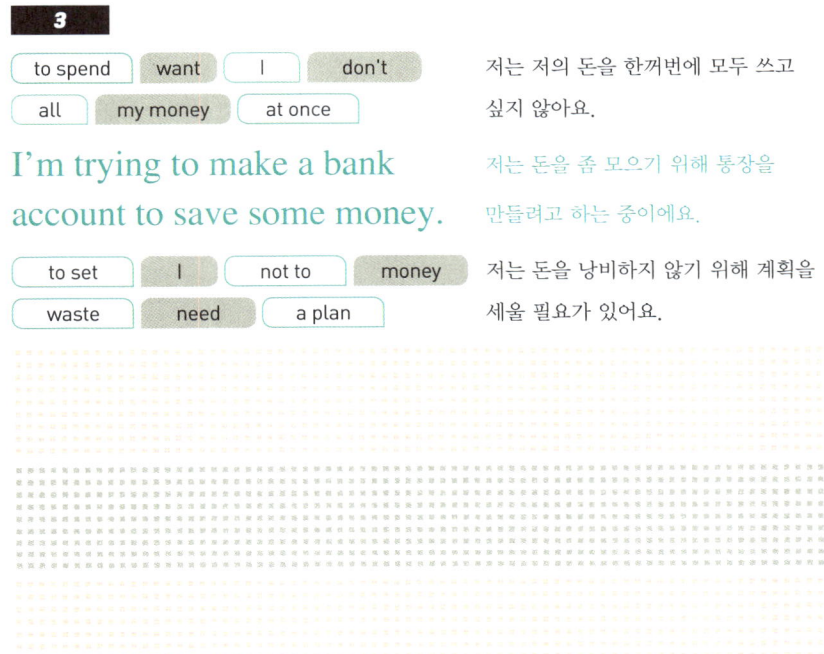

ADD detail

Second Hint

3
spend 소비하다
plan 계획
waste 낭비하다

다시 쓰기

앞서 만든 짧은 문단 전체를 이어서 다시 써 보세요.

1

그는 그의 노트북을 회의에 가지고 왔어요. 그는 우리에게 사진을 몇 장 보여주기 위해 그의 노트북을 켰어요. 그 사진들은 그의 방법을 이해하는 데 큰 도움이 되었어요.

2

저는 그녀에게 약속을 했어요. 저는 약속을 지키기 위해 집에 일찍 왔어요. 그러나 그녀는 거기에 없었어요.

3

저는 저의 돈을 한꺼번에 모두 쓰고 싶지 않아요. 저는 돈을 좀 모으기 위해 통장을 만들려고 하는 중이에요. 저는 돈을 낭비하지 않기 위해 계획을 세울 필요가 있어요.

여기서 끝이 아니다!
Speed Writing Book에서 빨리 쓰기 훈련을 통해
*완전히 내 것으로 소화시키세요.

writing WORK

QUESTIONing

질 문 &
답변 문장
만 들 기

Wh- question 또는 일반의문문의 문장을 만들어 보세요. 그런 다음 그 질문에 답하는 문장을 써 보세요.

1

A: He turned on his laptop **to show us some pictures**.

B: 그 사진들이 무엇에 관한 것이었니?   `were · about`

A: 그것들은 우리 여름 캠프와 관련된 것이었어.   `were`

2

A: I came home early **to keep my promise**.

B: 약속이 뭐였는데?   `was`

A: 같이 신발을 교환하러 가는 거.   `exchange`

3

A: I'm trying to find ways **to save some money**.

B: 돈을 좀 모았니?   `save`

A: 좀 모았어.

Second Hint

2
exchange 교환하다

writing WORK 05

PERFECT sentence

완 벽 한 문장 쓰기

in order to를 사용하여 문법상 오류가 없는 완벽한 문장을 만들어 보세요.

1 in order to mend
"
_____
_____
"

2 in order to exercise
"
_____
_____
"

3 in order to scan
"
_____
_____
"

4 in order to cure
"
_____
_____
"

5 in order to extend
"
_____
_____
"

review & practice

review 앞서 써 본 문장들을 확실히 기억하고 있는지 빈칸을 채워 문장을 완성해 보세요.

1. 그것은 도움이 돼요.
   It _____.

2. 그것은 (제대로) 작동돼요.
   It _____.

3. 저는 쉬는 시간에 친구와 농구를 했어요.
   I _____.

4. 저는 7시부터 8시까지 TV를 봐요.
   I _____.

5. 우리는 교실에서 수업 시간 전에 게임을 했어요.
   We _____.

6. 그는 우리로부터 사진 몇 장을 감추기 위해 그의 컴퓨터를 껐어요.
   He _____ from us.

7. 저는 제 돈을 두 배로 늘리기 위해 통장을 만들려고 하는 중이에요.
   I _____.

8. 그들은 토요일 오후 12시부터 사무실에서 다섯 시간 동안 일해요.
   They _____.

9. 그녀는 침착해요.
   She _____.

Training 06

review

10 그들은 활동적이었어요.
They _____.

11 그때 당신이 옳았어요.
You _____.

12 이 장소는 정말 넓어요.
This place _____.

13 그들의 아이디어는 정말 창조적이에요.
Their _____.

14 저는 자전거로 공원에 가요.
I _____.

15 그는 걸어서 학교에 가요.
He goes to _____.

16 제 친구가 저에게 메모를 남겼어요.
My friend _____.

17 그녀는 심부름을 하지 않기 위해 집에 늦게 왔어요.
She _____.

18 저는 아침 일찍 운동해요.
I _____.

review & practice

practice 앞에서 배운 문장 구조를 토대로 주어진 서술형 과제를 완성해 보세요.

서 술 하 기 Description & Narration

Harry의 지난 주말 계획표를 보고 Harry가 지난 주말에 한 일을 영어로 쓰세요.

TIME TO PLAN

오전 8시: 기상
오전 8시 30분: 아침식사
오전 9시 30분: 방 청소
오전 11시: 친구 만나기
오후 12시: 친구와 점심 먹기
오후 1시: 영화 보기
오후 6시: 집으로 돌아와서 저녁 먹기
오후 7시: 체육관
오후 9시: 다음 주에 있을 시험 준비
오후 11시: 잠자기

for review & practice

1. helps
2. works
3. played basketball with my friends during the break
4. watch TV from seven to eight
5. played a game in the classroom before class
6. turned off his laptop to hide some pictures
7. am trying to make a bank account to double my money
8. work in the office for five hours from 12 p.m. on Saturday
9. is calm
10. were active
11. were right then
12. is really big
13. idea is really creative
14. go to the park by bicycle
15. school on foot
16. left a memo for me
17. came home late not to do some errands
18. do exercise early in the morning

Sample Writing:

Harry woke up at 8 a.m. He had breakfast at 8:30 a.m. After breakfast, he cleaned his room. He met his friend at 11 and he had lunch with his friend. They watched a movie together. He went back home after the movie. At 6 p.m., he had dinner at home and went to the gym. He prepared for the test before he went to bed at 11 p.m., because he had a test last week.

훈련

There is/are의 사용

이번 과에서는 '~이 있다'라는 뜻의 There is/are~로 시작하는 문장을 쓰기 훈련해 봅니다.

다음 문법 지식을 알아두면
문장을 만들 때 훨씬 쉽게 만들 수 있습니다.

TARGET GRAMMAR

There is + 단수 명사 '~이 있다'라는 뜻으로 is 다음에는 단수 명사를 쓴다.

　　There is – 단수 명사

　　Ex. **There is** a problem. 문제가 하나 **있어요**.

There are + 복수 명사 '~이 있다'라는 뜻으로 are 다음에는 복수 명사를 쓴다.

　　There are – 복수 명사

　　Ex. **There are** many people. 많은 사람들이 **있어요**.

writing WORK

01 SUBSTITUTION table
바꿔 쓰기

주어진 문장을 참고하여 단어를 바꿔서 새로운 문장을 만들어 보세요.

1

There is no one here by that name.
여기에 그런 이름을 가진 사람은 없어요.

도전 문장 ❶ 거기에 그런 이름을 가진 사람은 없었어요. `no one there`

도전 문장 ❷ 여기 리스트에 10명의 이름이 있어요. `on the list`

2

There is something wrong with my eyes.
제 눈이 뭔가 잘못되었나 봐요.

도전 문장 ❶ 저에게 잘못된 것은 없어요. `nothing wrong`

도전 문장 ❷ 이 상자 안에는 뭔가 좋은 것이 들어 있어요. `something good`

3

There is nothing to lose.
잃을 게 하나도 없어요.

도전 문장 ❶ 두려워할 게 하나도 없어요. `fear`

도전 문장 ❷ 고려해야 할 것들이 있어요. `consider`

Second Hint

1
on the list
리스트에, 명단에

There is no place like home.
집 만한 곳이 없어요.

writing WORK 01
SUBSTITUTION table

도전 문장 ❶ 제 고향 만한 곳이 없어요. `hometown`

도전 문장 ❷ 당신과 같은 사람이 한 명 있어요. `one person`

Second Hint

4
hometown 고향

Training 07 There is/are의 사용

writing WORK

살 붙여 쓰기

ADD detail

내용상 흐름이 자연스럽게 이어지도록 주어진 문장의 앞과 뒤에 문장을 추가해 짧은 문단을 만들어 보는 순서입니다.
주어진 단어를 순서에 맞게 배열하여 완성 문장을 만들어 보세요.

1

[know] [I] [around] [everyone] [here]   여기 주변에 있는 모든 사람들을 알아요.

There is no one here by that name.   여기 그런 이름을 가진 사람은 없어요.

[I] [with] [know] [a similar name] [a person]   저는 비슷한 이름의 한 사람을 알아요.

2

[itchy eyes] [I] [in the morning] [have]   저는 아침에 눈이 가려워요.

There is something wrong with my eyes.   제 눈이 뭔가 잘못되었나 봐요.

[I] [too] [I] [eyes] [rubbed] [think] [much] [my]   제 생각에 제가 눈을 너무 많이 문질렀나 봐요.

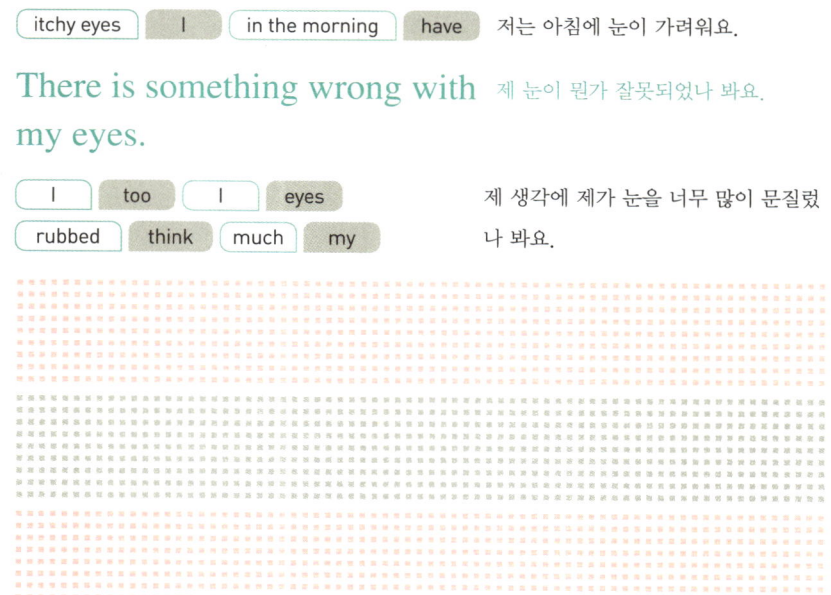

Second Hint

2
itchy 가려운
rub 문지르다

writing WORK 02
ADD detail

3

`advantage` `have` `an` `we` `over them`
우리는 그들에 비해 유리한 점을 가지고 있어요.

There is nothing to lose. 잃을 게 하나도 없어요.

`wait for` `we` `the` `just` `patiently` `result` `will`
우리는 그냥 인내심 있게 결과를 기다리기만 하면 돼요.

4

`in` `I` `many` `traveled` `places`
저는 많은 곳을 여행했어요.

There is no place like home. 집 만한 곳이 없어요.

`travel` `will` `you` `it` `when` `you` `see`
당신은 여행을 하면 그것을 알게 될 거예요.

Second Hint

3
advantage 유리한 점
result 결과
patiently 인내심 있게

4
travel 여행하다

write AGAIN
다시 쓰기
앞서 만든 짧은 문단 전체를 이어서 다시 써 보세요.

1

여기 주변에 있는 모든 사람들을 알아요. 여기 그런 이름을 가진 사람은 없어요. 하지만 비슷한 이름의 한 사람을 알아요.

2

저는 아침에 눈이 가려워요. 제 눈이 뭔가 잘못되었나 봐요. 제 생각에 제가 눈을 너무 많이 문질렀나 봐요.

3

우리는 그들에 비해 유리한 점을 가지고 있어요. 잃을 게 하나도 없어요. 우리는 그냥 인내심 있게 결과를 기다리기만 하면 돼요.

4

저는 많은 곳을 여행했어요. 집 만한 곳이 없어요. 당신은 여행을 하면 그것을 알게 될 거예요.

writing WORK

QUESTIONing

질 문 &
답변 문장
만 들 기

Wh- question 또는 일반의문문의 문장을 만들어 보세요. 그런 다음 그 질문에 답하는 문장을 써 보세요.

1

A There is no one here by that name.

B 다른 이름 리스트를 가지고 있나요?   `another`

A 아니요, 이것이 제가 가진 전부예요.   `all`

2

A There is something wrong with my eyes.

B 너 눈에 먼지 들어갔니?   `dirt`

A 응. 아파.   `hurt`

3

A There is nothing to lose.

B 확실하니?   `sure`

A 그것에 관해 아주 확신해.   `so`

4

A There is no place like home.

B 동의해. 너는 누구와 함께 살고 있니?   `live with`

A 나는 나의 형제자매들과 함께 살고 있어.   `brother and sisters`

Second Hint

2
dirt 먼지
hurt 아프다

3
lose 잃다
sure 확실한

writing WORK 05

PERFECT sentence

완 벽 한
문장 쓰기

There is / There are를 사용하여 문법상 오류가 없는 완벽한 문장을 만들어 보세요.

1 There is

2 There are

3 There was

4 There were

5 There is

Training 07 There is/are의 사용

빈도수 높은 형용사의 사용

이번 과에서는 성격이나 상태를 나타내는 형용사 중 자주 쓰이는 형용사들을 중심으로 문장 쓰기 훈련을 해 봅니다.

다음 문법 지식을 알아두면
문장을 만들 때 훨씬 쉽게 만들 수 있습니다.

TARGET GRAMMAR

| 형용사 | 성격, 상태 등을 나타내는 말로, 주로 명사 앞에서 해당 명사를 꾸며준다. '형용사+명사'를 하나의 단어 덩어리로 외워두자. |

주어(형용사+명사) – 동사 – 목적어

Ex. **Young** people like the food in the romantic restaurant.
　젊은 사람들은 그 로맨틱한 식당의 음식을 좋아해요.

writing WORK 01

SUBSTITUTION table
바꿔 쓰기

주어진 문장을 참고하여 단어를 바꿔서 새로운 문장을 만들어 보세요.

1

I have never eaten such delicious food before.
저는 전에는 그렇게 맛있는 음식을 먹어본 적이 없어요.

도전 문장 ❶ 저는 전에는 그렇게 아름다운 노을을 본 적이 없어요. `sunset`

도전 문장 ❷ 저는 전에는 그렇게 좋은 점수를 받아본 적이 없어요. `received`

2

He wants to have a private talk with you.
그는 당신과 개인적으로 대화하기를 원해요.

도전 문장 ❶ 우리는 당신과 장기 계약을 맺기를 원해요. `long-term`

도전 문장 ❷ 그는 당신으로부터 공식적인 허락을 받기를 원해요. `official`

3

The change in people's taste is visible.
사람들의 취향의 변화가 눈에 띄어요.

도전 문장 ❶ 사람들의 패션의 변화가 눈에 띄어요. `noticeable`

도전 문장 ❷ 사람들의 스타일의 종류는 다양해요. `various`

Second Hint

1
delicious 맛있는
sunset 노을
score 점수

2
private 개인적인
long-term 장기의
contract 계약
official 공식적인
permission 허락

3
taste 취향
visible 눈에 보이는
noticeable 눈에 띄는, 뚜렷한
various 다양한

Training 08 빈도수 높은 형용사의 사용

writing WORK 02

ADD detail

살 붙여 쓰기

내용상 흐름이 자연스럽게 이어지도록 주어진 문장의 앞과 뒤에 문장을 추가해 짧은 문단을 만들어 보는 순서입니다.
주어진 단어를 순서에 맞게 배열하여 완성 문장을 만들어 보세요.

1

[really] [I] [this] [enjoyed] [food]   저는 정말로 이 음식을 즐겼어요.

I have never eaten such delicious food before.   저는 전에는 그렇게 맛있는 음식을 먹어본 적이 없어요.

[full] [I] [now] [am]   저는 이제 배가 불러요.

2

[with] [I] [talked] [a minute] [him] [ago]   저는 방금 전에 그와 얘기를 했어요.

He wants to have a private talk with you.   그는 당신과 개인적으로 대화하기를 원해요.

[waiting for] [is] [you] [he] [upstairs]   그는 2층에서 당신을 기다리고 있는 중이에요.

Second Hint

1
full 배가 부른

—

2
wait for ~을 기다리다
upstairs 위층

writing WORK 02 — ADD detail

3

[from] [different] [the trend] [last year] [is]   그 동향이 작년과는 달라요.

The change in people's taste is visible.   사람들의 취향의 변화가 눈에 띄어요.

[is] [this year] [in] [fashion] [the color blue]   올해는 파란색이 유행이에요.

Second Hint

3
trend 동향, 추세
in fashion ~이 유행인

writing WORK 03

write AGAIN
다시 쓰기

앞서 만든 짧은 문단 전체를 이어서 다시 써 보세요.

1

저는 정말로 이 음식을 즐겼어요. 저는 전에는 그렇게 맛있는 음식을 먹어본 적이 없어요. 이제 배가 불러요.

2

저는 방금 전에 그와 얘기를 했어요. 그는 당신과 개인적으로 대화하기를 원해요. 그는 2층에서 당신을 기다리고 있는 중이에요.

3

그 동향이 작년과는 달라요. 사람들의 취향의 변화가 눈에 띄어요. 올해는 파란색이 유행이에요.

여기서 끝이 아니다!
Speed Writing Book에서 빨리 쓰기 훈련을 통해
✱ 완전히 내 것으로 소화시키세요.

writing WORK 04

QUESTIONing

질문 &
답변 문장
만들기

Wh- question 또는 일반의문문의 문장을 만들어 보세요. 그런 다음 그 질문에 답하는 문장을 써 보세요.

1

Ⓐ I have never eaten such **delicious** food before.

Ⓑ 너 여기 다시 오기를 원하니? `again`

Ⓐ 응. 그러자. `let's`

2

Ⓐ He wants to have a **private** talk with you.

Ⓑ 무슨 일인데? `matter`

Ⓐ 나도 몰라. `either`

3

Ⓐ The change in people's taste is **visible**.

Ⓑ 그게 어떻게 바뀌었는데? `has`

Ⓐ 그것은 복잡한 것에서 간단한 것으로 바뀌었어. `complexity`

Second Hint

2
either ~도 또한 아닌

3
complexity 복잡함
simplicity 간단함

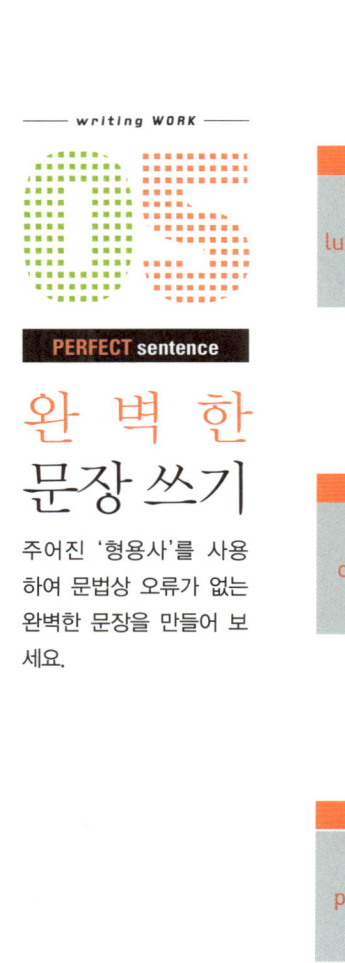

writing WORK 05

PERFECT sentence

완벽한 문장 쓰기

주어진 '형용사'를 사용하여 문법상 오류가 없는 완벽한 문장을 만들어 보세요.

1 luxurious

2 crucial

3 precise

4 extensive

5 edible

to부정사의 형용사적 용법

이번 과에서는 '~할'의 의미로 앞의 명사를 꾸며주는 to부정사의 형용사적 용법이 포함된 문장을 쓰기 훈련해 봅니다.

다음 문법 지식을 알아두면
문장을 만들 때 훨씬 쉽게 만들 수 있습니다.

TARGET GRAMMAR

to부정사 'to+동사원형'의 형태를 말하며 to부정사에는 명사적 용법, 형용사적 용법, 부사적 용법이 있다.

형용사적 용법 'to+동사원형'이 명사를 꾸며주는 형용사의 역할을 하는 것을 말하며 '~할'로 해석된다.

주어 – 동사 – 목적어 – to부정사

Ex. I was looking for books **to read**. 나는 **읽을** 책을 찾고 있었어요.

writing WORK 02

ADD detail

살 붙여 쓰기

내용상 흐름이 자연스럽게 이어지도록 주어진 문장의 앞과 뒤에 문장을 추가해 짧은 문단을 만들어 보는 순서입니다.
주어진 단어를 순서에 맞게 배열하여 완성 문장을 만들어 보세요.

1

can't | I | by myself | decide
저는 혼자서 결정할 수가 없어요.

I need time to think about it.
저는 그것에 대해 생각할 시간이 필요해요.

twice about | is | something | this | to think
이것은 두 번 생각해봐야 하는 일이에요.

2

living | in | are | we | Seoul
우리는 서울에 살고 있어요.

Seoul is the perfect place to live.
서울은 살기에 완벽한 도시예요.

both | we | the busy streets | of | and | city lights | like | downtown
우리는 둘 다 바쁜 거리와 시내의 도시 불빛을 좋아해요.

Second Hint

1
by myself 나 혼자서
think twice 두 번 생각하다, 숙고하다

2
downtown 시내

writing WORK 02 — ADD detail

3

(the end) (is) (this) (for you) (not)

이것이 당신한테 끝이 아니에요.

There is always a chance to try again.

다시 시도할 수 있는 기회는 항상 있는 법이에요.

(everyone's door) (fortune) (three times) (at) (knocks)

행운은 누구에게나 세 번 찾아온다잖아요.

Second Hint

3
fortune 행운
knock 노크하다

writing WORK 03

write AGAIN

다시 쓰기

앞서 만든 짧은 문단 전체를 이어서 다시 써 보세요.

1

저는 혼자서 결정할 수가 없어요. 저는 그것에 대해 생각할 시간이 필요해요. 이것은 두 번 생각해봐야 하는 일이에요.

2

우리는 서울에 살고 있어요. 서울은 살기에 완벽한 도시예요. 우리는 둘 다 바쁜 거리와 시내의 도시 불빛을 좋아해요.

3

이것이 당신한테 끝이 아니에요. 다시 시도할 수 있는 기회는 항상 있는 법이에요. 행운은 누구에게나 세 번 찾아온다잖아요.

여기서 끝이 아니다!
Speed Writing Book에서
빨리 쓰기 훈련을 통해
★완전히 내 것으로 소화시키세요.

writing WORK 04

QUESTIONing

질문 & 답변 문장 만들기

Wh- question 또는 일반의문문의 문장을 만들어 보세요. 그런 다음 그 질문에 답하는 문장을 써 보세요.

1

A I need somebody **to talk** about it with.

B 그게 뭐가 중요한 거니? — important

A 나에게는 그래. — to • me

2

A Seoul is the perfect place **to live**.

B 너는 서울의 어느 지역에 사니? — part of

A 나는 서울 중심부에 살아. — the center of

3

A There is always a chance **to try** again.

B 너 다시 시도할 거니? — going to

A 물론 그래야지. — will

Second Hint

1
important 중요한

2
the center of ~의 한가운데

writing WORK 05

PERFECT sentence

완벽한 문장 쓰기

'to부정사의 형용사적 용법'을 사용하여 문법상 오류가 없는 완벽한 문장을 만들어 보세요.

1 a place to

2 an issue to

3 a chance to

4 the freedom to

5 a moment to

Training 09 to부정사의 형용사적 용법

-thing 뒤에 수식어구 붙이기

이번 과에서는 -thing 뒤에 형용사 또는 to부정사가 와서 수식해 주는 형태의 문장을 쓰기 훈련해 봅니다.

다음 문법 지식을 알아두면
문장을 만들 때 훨씬 쉽게 만들 수 있습니다.

TARGET GRAMMAR

-thing + 형용사

- **강조 형용사**: something, anything, nothing, everything 뒤에 형용사를 써서 강조의 의미를 나타낸다. '~한'의 의미로 바로 앞의 -thing을 수식해준다.

  주어 - 타동사 - -thing - 형용사

  Ex. I have **something important**. 저는 **뭔가 중요한 것을** 가지고 있어요.

writing WORK

01

SUBSTITUTION table

바꿔 쓰기

주어진 문장을 참고하여 단어를 바꿔서 새로운 문장을 만들어 보세요.

1

He always tells me something good.
그는 항상 저에게 좋은 것을 말해요.

도전 문장 ❶ 그는 종종 저에게 웃긴 것을 얘기해줘요. `funny`

도전 문장 ❷ 그는 항상 저에게 뭔가 흥미로운 것을 보여줘요. `interesting`

2

Do you have anything smaller?
좀 더 작은 것을 가지고 있나요?

도전 문장 ❶ 비슷한 것을 가지고 있어요? `similar`

도전 문장 ❷ 뭐 좋은 게 보여요? `good`

3

There was nothing special during the weekend.
주말 동안에 특별한 일이 하나도 없었어요.

도전 문장 ❶ 휴가 동안에 뭔가 특별한 일이 있었어요. `special • during`

도전 문장 ❷ 회의 중에 잘못된 것은 (하나도) 없었어요. `wrong`

Second Hint

1
funny 웃긴
interesting 흥미로운, 재미있는

—

2
smaller 더 작은

Training **10** -thing 뒤에 수식어구 붙이기

writing WORK

ADD detail

살 붙여 쓰기

내용상 흐름이 자연스럽게 이어지도록 주어진 문장의 앞과 뒤에 문장을 추가해 짧은 문단을 만들어 보는 순서입니다.
주어진 단어를 순서에 맞게 배열하여 완성 문장을 만들어 보세요.

Second Hint

1
kind of 꽤, ~하는 편
positive 긍정적인

—

2
glove 장갑

1

`like` `kind of` `him` `I` — 저는 그를 좋아하는 편이에요.

He always tells me something good. — 그는 항상 제게 좋은 것을 말해 주거든요.

`a` `very` `he` `person` `is` `positive` — 그는 매우 긍정적인 사람이에요.

2

`need` `I` `gloves` — 저는 장갑이 필요해요.

Do you have anything smaller? — 좀 더 작은 것도 있나요?

`small` `my` `are` `hands` — 제 손이 작거든요.

3

`anything` `I` `do` `didn't` — 저는 아무것도 안 했어요.

There was nothing special during the weekend. — 주말 동안 특별한 일이 하나도 없었거든요.

`at home` `stayed` `just` `I` — 저는 그냥 집에 머물러 있었어요.

writing WORK 03

write AGAIN
다시 쓰기
앞서 만든 짧은 문단 전체를 이어서 다시 써 보세요.

1

저는 그를 좋아하는 편이에요. 그는 항상 제게 좋은 것을 말해 주거든요. 그는 매우 긍정적인 사람이에요.

2

저는 장갑이 필요해요. 좀 더 작은 것도 있나요? 제 손이 작거든요.

3

저는 아무것도 안 했어요. 주말 동안 특별한 일이 하나도 없었거든요. 저는 그냥 집에 머물러 있었어요.

여기서 끝이 아니다!
Speed Writing Book에서
빨리 쓰기 훈련을 통해
★ 완전히 내 것으로 소화시키세요.

writing WORK

QUESTIONing
질문 &
답변 문장
만들기

Wh- question 또는 일반의문문의 문장을 만들어 보세요. 그런 다음 그 질문에 답하는 문장을 써 보세요.

1

A He always tells me **something good**.

B 그가 이번에는 무엇을 말해줬는데?　　`this time`

A 그는 내가 어려 보인대.　　`younger`

2

A Do you have **anything smaller**?

B 이거 어때요?

A 그거 저에게 좋아 보이네요.　　`great`

3

A There was **nothing special** during the weekend.

B 아무데도 안 갔니?　　`anywhere`

A 아니. 난 그냥 집에 있었어.　　`stay`

Second Hint

1
this time 이번에는
look ~처럼 보이다
younger 더 어린
—
3
stay 머물다

writing WORK 05

PERFECT sentence

완벽한 문장 쓰기

주어진 '-thing+수식어구'를 사용하여 문법상 오류가 없는 완벽한 문장을 만들어 보세요.

1 something powerful

2 anything inexpensive

3 nothing bad

4 something puzzling

5 anything unique

Training 10 -thing 뒤에 수식어구 붙이기

훈련

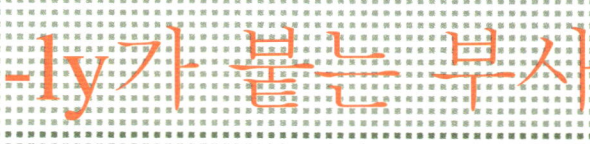

-ly가 붙는 부사

이번 과에서는 형용사 뒤에 -ly가 붙어 부사가 되는 단어들을 문장 속에서 활용하여 쓰는 훈련을 해 봅니다.

다음 문법 지식을 알아두면
문장을 만들 때 훨씬 쉽게 만들 수 있습니다.
TARGET GRAMMAR

형용사 + -ly = 부사 주로 '~하게'라는 뜻을 가지며 동사를 꾸며주는 역할을 한다.
Ex. carefully 조심스럽게 / kindly 친절하게 / perfectly 완벽하게 / calmly 침착하게 / neatly 깔끔하게 / regularly 규칙적으로

writing WORK 01

SUBSTITUTION table

바꿔 쓰기

주어진 문장을 참고하여 단어를 바꿔서 새로운 문장을 만들어 보세요.

1

I usually fall asleep easily.
저는 주로 쉽게 잠이 들어요.

도전 문장 ❶ 저는 주로 쉽게 사랑에 빠져요. `fall in love`

도전 문장 ❷ 저는 바닥에 심하게 넘어졌어요. `heavily`

2

Could you speak more slowly?
좀 더 천천히 말씀해 주시겠어요?

도전 문장 ❶ 좀 더 천천히 걸어 주시겠어요? `slowly`

도전 문장 ❷ 좀 더 깔끔하게 써 주시겠어요? `neatly`

3

You nearly fell down the stairs yesterday.
당신은 어제 계단에서 거의 넘어질 뻔했잖아요.

도전 문장 ❶ 그녀는 어제 그에게 거의 말할 뻔했어요. `said`

도전 문장 ❷ 그것이 어제 거의 내 머리 위에 떨어질 뻔했어요. `landed`

Second Hint

1
fall asleep 잠이 들다
easily 쉽게
fall in love 사랑에 빠지다
heavily 심하게

2
slowly 천천히
neatly 깔끔하게

3
nearly 거의
land on ~위에 내려앉다

Training 11 -ly가 붙는 부사

writing WORK

02

ADD detail

살 붙여 쓰기

내용상 흐름이 자연스럽게 이어지도록 주어진 문장의 앞과 뒤에 문장을 추가해 짧은 문단을 만들어 보는 순서입니다.
주어진 단어를 순서에 맞게 배열하여 완성 문장을 만들어 보세요.

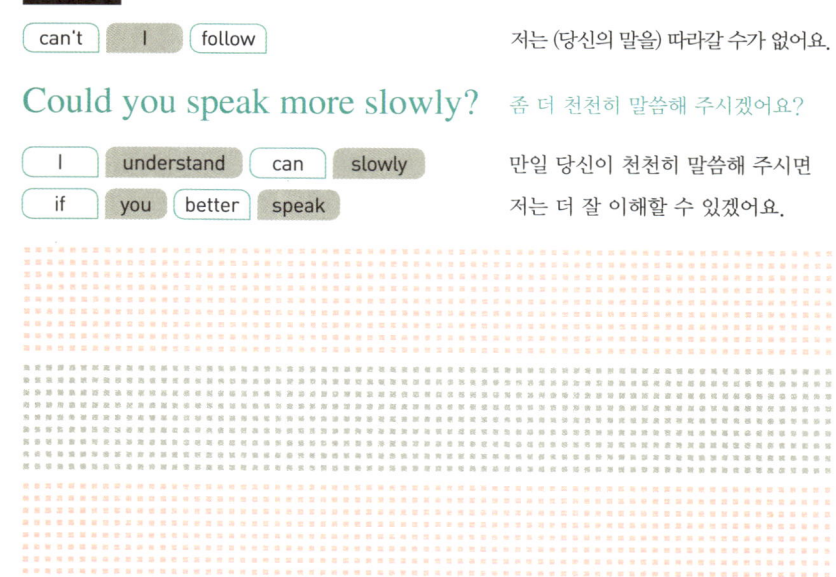

Second Hint

1
go to bed 잠자리에 들다
sleep like a log 세상 모르고 자다

—

2
follow (내용을) 따라가다, 이해하다

3

[not] [play] [you] [the] [stairs] [should] [on]

당신은 계단에서 장난쳐서는 안 돼요.

You nearly fell down the stairs yesterday.

어제 계단에서 거의 넘어질 뻔 했잖아요.

[have been] [could] [badly] [hurt] [you]

당신은 크게 다칠 뻔한 거예요.

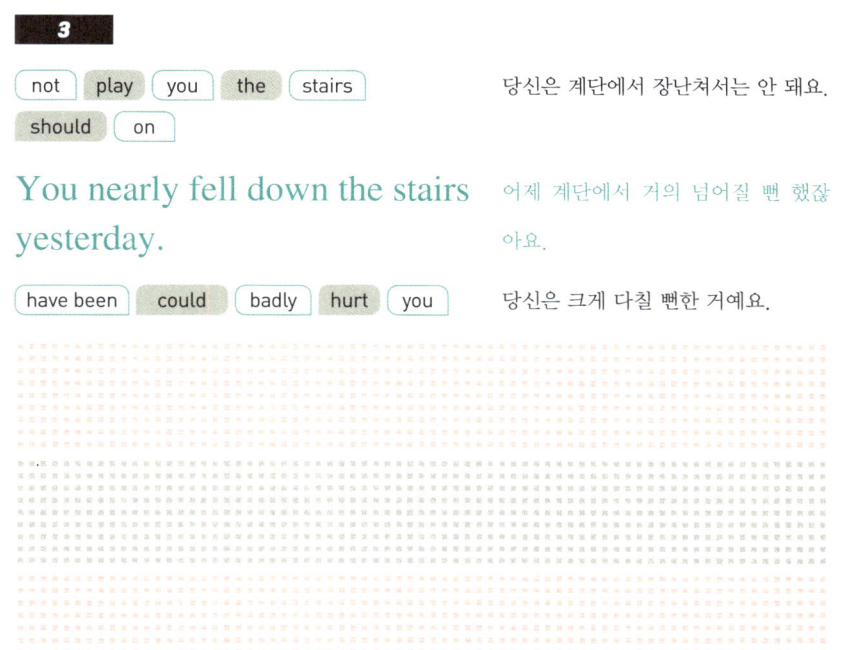

Second Hint

3
badly 심하게
hurt 다치게 하다

writing WORK 03

write AGAIN
다시 쓰기

앞서 만든 짧은 문단 전체를 다시 써 보세요.

1

저는 10시에 자러 가요. 저는 주로 쉽게 잠이 들어요. 저는 세상 모르고 자요.

2

저는 (당신의 말을) 따라갈 수가 없어요. 좀 더 천천히 말씀해 주시겠어요? 만일 당신이 천천히 말씀해 주시면 저는 더 잘 이해할 수 있겠어요.

3

당신은 계단에서 장난쳐서는 안 돼요. 어제 계단에서 거의 넘어질 뻔 했잖아요. 당신은 크게 다칠 뻔한 거예요.

여기서 끝이 아니다!
Speed Writing Book에서 빨리 쓰기 훈련을 통해
*완전히 내 것으로 소화시키세요.

writing WORK

04

QUESTIONing

질 문 & 답변 문장 만들기

Wh- question 또는 일반의문문의 문장을 만들어 보세요. 그런 다음 그 질문에 답하는 문장을 써 보세요.

1

🅐 I usually fall asleep **easily**.

🅑 너는 몇 시에 잠자리에 드니? `go to bed`

🅐 나는 11시 전에 자려고 노력해. `try to`

2

🅐 Could you speak more **slowly**?

🅑 제가 너무 빨리 말하고 있나요? `talking`

🅐 단지 조금만 천천히 부탁해요. `just a little bit`

3

🅐 I **nearly** fell down the stairs yesterday.

🅑 너 다쳤니? `hurt`

🅐 아니, 그냥 좀 긁혔어. `scratch`

Second Hint

2
a little bit 조금

3
scratch 긁힌 자국

Training 11 -ly가 붙는 부사

writing WORK

PERFECT sentence

완벽한 문장 쓰기

'-ly가 붙는 부사'를 사용하여 문법상 오류가 없는 완벽한 문장을 만들어 보세요.

1 technologically

"   "

2 steadily

"   "

3 traditionally

"   "

4 vaguely

"   "

5 adequately

"   "

review & practice

review — 앞서 써 본 문장들을 확실히 기억하고 있는지 빈칸을 채워 문장을 완성해 보세요.

1 이 상자 안에는 뭔가 좋은 것이 들어 있어요.
There _____.

2 두려워할 게 (하나도) 없어요.
There _____.

3 저는 전에는 그렇게 아름다운 노을을 본 적이 없어요.
I _____.

4 사람들의 패션의 변화가 눈에 띄어요.
The change _____.

5 서울은 여행하기에 딱 맞는 장소예요.
Seoul _____.

6 만나게 될 새로운 사람들은 항상 있어요.
There _____.

7 이곳은 공부하기에 완벽한 장소예요.
This _____.

8 비슷한 것을 가지고 있어요?
Do _____?

9 그는 항상 저에게 뭔가 흥미로운 것을 보여줘요.
He _____.

Training 12

review

10 뭐 좋은 게 보여요?

Do _____?

11 저는 주로 쉽게 사랑에 빠져요.

I _____.

12 좀 더 깔끔하게 써 주시겠어요?

Could _____?

13 그녀는 어제 그에게 거의 말할 뻔했어요.

She _____.

14 거기에 그런 이름을 가진 사람은 없었어요.

There _____.

15 그는 당신으로부터 공식적인 허락을 받기를 원해요.

He _____ from you.

16 휴가 동안에 뭔가 특별한 일이 있었어요.

There _____.

17 저는 당신과 얘기할 게 있어요.

I _____.

18 그것이 어제 거의 내 머리 위에 떨어질 뻔했어요.

It _____.

review & practice

practice — 앞에서 배운 문장 구조를 토대로 주어진 서술형 과제를 완성해 보세요.

서 술 하 기 Description & Narration

1월 달력에 쓰여 있는 나의 스케줄입니다. 다음 스케줄 표를 보고 1월에 해야 하는 일을 I를 주어로 쓰세요.

SUN	MON	TUE	WED	THUR	FRI	SAT
			1	2	3 sign up for a gym	4
5	6	7 a present for Allan's birthday	8	9	10	11
12	13	14	15	16	17	18
19	20 get a flu shot	21	22	23 school camp	24	25
26	27	28	29 visit grandparents	30	31	

for *review* & *practice*

1. is something good in the box
2. is nothing to fear
3. have never seen such a beautiful sunset before
4. in people's fashion is noticeable
5. is a good place to travel
6. are always new people to meet
7. is a perfect place to study
8. you have anything similar
9. always shows me something interesting
10. you see anything good
11. usually fall in love easily
12. you write more neatly
13. nearly said to him yesterday
14. was no one there by that name
15. needs to get official permission
16. was something special during the holidays
17. have something to talk with you
18. nearly landed on my head yesterday

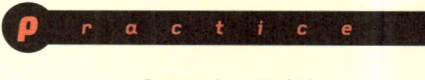

Sample Writing:

3일:
I will sign up for a gym membership on Friday, January the 3rd.

7일:
On Tuesday the 7th, I need to buy a present for Allan's birthday.

20일:
I am supposed to get a flu shot on Monday the 20th.

22일~24일:
I'm going to a school camp from the 22nd to the 24th this month.

29일:
On Wednesday, the 29th, I will visit my grandparents.

다음 문법 지식을 알아두면
문장을 만들 때 훨씬 쉽게 만들 수 있습니다.

TARGET GRAMMAR

| 빈도부사 | always(항상), usually/generally(보통), often(자주), sometimes(때때로, 가끔), seldom/hardly(거의 ~않다), never(절대 ~않다) 등 횟수나 반복 정도를 나타내는 부사로, 주로 be동사 뒤 또는 일반동사 앞에 위치한다. |

주어 – 빈도부사 – 동사

Ex. They **always** help each other. 그들은 **항상** 서로 도와요.

writing WORK 01

SUBSTITUTION table
바꿔 쓰기

주어진 문장을 참고하여 단어를 바꿔서 새로운 문장을 만들어 보세요.

1

He **always** makes me laugh.
그는 항상 저를 웃게 만들어요.

도전 문장 ❶ 그는 항상 저를 편안하게 해줘요. [always • comfortable]

도전 문장 ❷ 그것은 주로 우리를 바쁘게 만들어요. [usually]

2

I **sometimes** visit my grandfather with my parents.
저는 가끔 저희 부모님과 함께 저의 할아버지를 방문해요.

도전 문장 ❶ 저는 가끔 부모님을 도와서 집안일을 해요. [sometimes • house chores]

도전 문장 ❷ 저는 자주 제 통장의 비밀번호를 바꿔요. [frequently]

3

He **usually** doesn't answer his phone after work.
그는 보통 퇴근 후에는 전화를 안 받아요.

도전 문장 ❶ 그는 보통 하루 내로 제 이메일에 답변을 해줘요. [within]

도전 문장 ❷ 그는 보통 일을 시작하기 전에 출석을 확인해요. [often • attendance]

Second Hint

1
comfortable 편안한

—

2
house chores 집안일
frequently 자주

—

3
within ~내에
attendance 출석

writing WORK 03

write AGAIN
다시 쓰기

앞서 만든 짧은 문단 전체를 이어서 다시 써 보세요.

1

그는 정말 재미있어요. 그는 항상 저를 웃게 만들어요. 그는 농담을 좋아해요.

2

저희 할아버지는 시골에 사세요. 저는 가끔 저희 부모님과 함께 할아버지를 방문해요. 저는 할아버지께서 사시는 곳이 좋아요.

3

당신은 메시지를 남길 필요가 있어요. 그는 보통 퇴근 후에는 전화를 안 받아요. 그가 내일 당신에게 전화할 거예요.

여기서 끝이 아니다!
Speed Writing Book에서 빨리 쓰기 훈련을 통해
★ 완전히 내 것으로 소화시키세요.

writing WORK

04

QUESTIONing

질문 & 답변 문장 만들기

Wh- question 또는 일반의문문의 문장을 만들어 보세요. 그런 다음 그 질문에 답하는 문장을 써 보세요.

1

Q He **always** makes me laugh.

B 그러게. 그는 항상 재미있어. `know • fun`

A 너는 언제 그를 다시 만날 거니? `are ~ going to`

2

A I **sometimes** visit my grandfather with my parents.

B 할아버지가 어디에 사시는데? `where`

A 할아버지는 광주에 사셔. `in`

3

Q He **usually** doesn't answer his phone after work.

B 그는 쉬고 싶은 것임에 틀림없어. `take a rest`

Q 그와 마지막으로 얘기한 게 언제였니? `last time`

Second Hint

3
take a rest 휴식을 취하다

writing WORK 05

PERFECT sentence

완벽한 문장 쓰기

주어진 '빈도부사'를 사용하여 문법상 오류가 없는 완벽한 문장을 만들어 보세요.

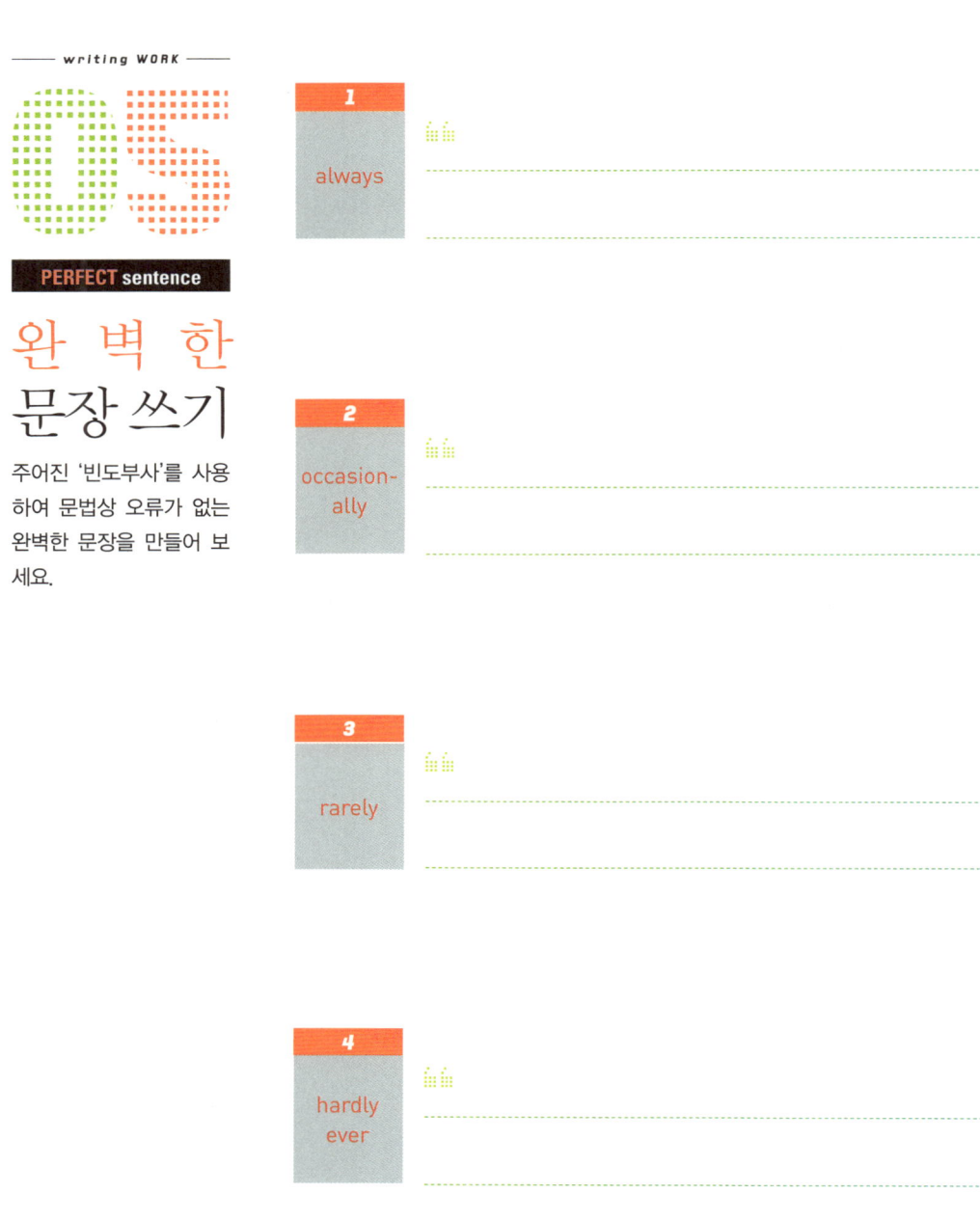

과거분사 -ed

이번 과에서는 '완료', 또는 '수동'의 의미를 가지는 과거분사를 문장 속에서 쓰기 훈련해 봅니다.

다음 문법 지식을 알아두면
문장을 만들 때 훨씬 쉽게 만들 수 있습니다.

TARGET GRAMMAR

과거분사 주로 동사 뒤에 -ed를 붙여서 만들며 '~된, ~이 끝난, ~이 완료된'의 뜻을 가진다. 과거분사는 '완료' 또는 '수동'의 의미를 가지며 명사 앞에서 명사를 수식할 수 있다.

주어 – 동사 – 과거분사 – 명사

Ex. She read aloud the **underlined** sentences.
　그녀는 **밑줄 친** 문장들을 소리 내어 읽었어요.

writing WORK 01

SUBSTITUTION table

바꿔 쓰기

주어진 문장을 참고하여 단어를 바꿔서 새로운 문장을 만들어 보세요.

1

You should memorize the listed words.
당신은 열거된 그 단어들을 외워야 돼요.

도전 문장 ① 당신은 추천된 그 책들을 읽어야 돼요. — recommended

도전 문장 ② 당신은 이탤릭체로 쓰여 있는 그 문장들을 이해해야 돼요. — italicized

2

Now, I need to organize the collected data.
이제 저는 그 수집된 데이터를 정리할 필요가 있어요.

도전 문장 ① 이제 저는 그 수정된 문장들을 재검토할 필요가 있어요. — review • corrected

도전 문장 ② 이제 저는 얼룩이 묻은 청바지를 닦기를 원해요. — clean • stained

3

This is a customized design.
이것은 맞춤 디자인이에요.

도전 문장 ① 이것은 서양화된 생활방식이에요. — westernized

도전 문장 ② 이것은 재배치된 자리들이에요. — rearranged

Second Hint

1
recommend 추천하다
italicized 이탤릭체로 쓰여진

—

2
organize 정리하다
collected 수집된
review 검토하다
stained 얼룩이 진

—

3
customized 고객에 맞춰진
westernized 서양화된
rearranged 재배치된

writing WORK 03

write AGAIN
다시 쓰기

앞서 만든 짧은 문단 전체를 이어서 다시 써 보세요.

1

당신은 내일 시험이 있잖아요. 당신은 그 열거된 단어들을 외워야 돼요. 여기에 목록이 있어요.

2

저는 많은 데이터를 수집했어요. 이제 저는 그 수집된 데이터를 정리할 필요가 있어요. 그게 시간이 걸리겠지요.

3

그것은 독특해요. 이것은 맞춤 디자인입니다. 그것은 저에게 가치가 있어요.

여기서 끝이 아니다!
Speed Writing Book에서
빨리 쓰기 훈련을 통해
*완전히 내 것으로 소화시키세요.

writing WORK 04

QUESTIONing

질문 & 답변 문장 만들기

Wh- question 또는 일반의문문의 문장을 만들어 보세요. 그런 다음 그 질문에 답하는 문장을 써 보세요.

1

A You should memorize the **listed** words.

B 몇 개의 단어냐? `how many`

....

A 최소한 200개. `at least`

....

2

A Now, I need to organize the **collected** data.

B 그게 너에게 힘드니? `difficult`

....

A 아니, 식은 죽 먹기야. `a piece of cake`

....

3

A This is a **customized** design.

B 틀림없이 비쌀 거야. `must be`

....

A 그건 드문 것이기도 해. `rare`

....

Second Hint

2
difficult 어려운
a piece of cake
식은 죽 먹기와 같이 쉬운 일

3
rare 드문

101
Training **14** 과거분사 -ed

완벽한 문장 쓰기

주어진 '과거분사'를 사용하여 문법상 오류가 없는 완벽한 문장을 만들어 보세요.

1 restored

2 stunned

3 modified

4 transferred

5 carved

훈련

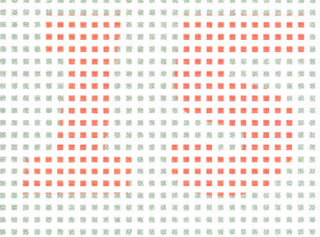

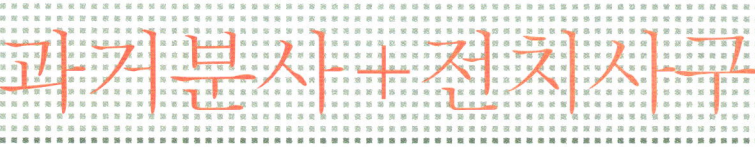

과거분사+전치사구

이번 과에서는 과거분사에 전치사구인 '전치사+명사'를 추가하여 앞 명사를 꾸며주는 형태의 문장을 쓰기 훈련해 봅니다.

다음 문법 지식을 알아두면
문장을 만들 때 훨씬 쉽게 만들 수 있습니다.

TARGET GRAMMAR

과거분사에 전치사구인 '전치사+명사'를 추가하여 앞 명사를 꾸며줄 수 있다.

주어 — 동사 — 목적어(명사) — 과거분사 — 전치사구

Ex. We like the man **introduced before the meeting.**
우리는 **회의 전에 소개된** 그 남자를 좋아해요.

writing WORK

SUBSTITUTION table

바꿔 쓰기

주어진 문장을 참고하여 단어를 바꿔서 새로운 문장을 만들어 보세요.

1

I like the item displayed in the window.
저는 진열장에 진열된 그 물건이 마음에 들어요.

도전 문장 ❶ 저는 테이블 위에 진열된 그것들을 보았어요. [displayed]

도전 문장 ❷ 저는 비닐에 포장된 그 소포를 받았어요. [package • wrapped]

2

Did you look at the file attached with my email?
제가 제 이메일에 첨부한 파일을 살펴봤어요?

도전 문장 ❶ 구석에 주차된 그 차를 봤어요? [parked]

도전 문장 ❷ 당신을 위해서 요리된 그 버섯 수프 맛 봤어요? [taste • cooked]

3

The seat reserved for you is by the window.
당신을 위해 예약된 자리는 창가 옆에 있어요.

도전 문장 ❶ 우리를 위해 예약된 장소는 가운데에 있어요. [spot • center]

도전 문장 ❷ 당신을 위해 예약된 시간은 두 시까지였어요. [until]

Second Hint

1
displayed 진열된
package 소포
wrapped 포장된
vinyl 비닐

2
attached 첨부된
taste 맛
mushroom soup 버섯 수프
cooked 조리된

3
reserved 예약된
spot 장소

writing WORK 02

ADD detail

살 붙여 쓰기

내용상 흐름이 자연스럽게 이어지도록 주어진 문장의 앞과 뒤에 문장을 추가해 짧은 문단을 만들어 보는 순서입니다.
주어진 단어를 순서에 맞게 배열하여 완성 문장을 만들어 보세요.

1

[my] [I] [mind] [made up]

I like the item displayed in the window.

[you] [show] [can] [to me] [it]

저는 제 마음을 정했어요.

저는 진열장에 진열된 그 물건이 마음에 들어요.

저에게 그걸 보여주실 수 있겠어요?

2

[sent] [I] [an] [to] [email] [you]

Did you look at the file attached with my email?

[from] [I] [you] [need] [feedback]

저는 당신에게 이메일을 보냈어요.

제가 이메일에 첨부한 파일을 살펴 봤어요?

저는 당신으로부터 피드백이 필요해요.

Second Hint

1
make up one's mind
마음을 정하다, 결정하다

2
feedback 피드백

writing WORK 02
ADD detail

3

(me) (please) (follow)

저를 따라오세요.

The seat reserved for you is by the window.

당신을 위해 예약된 자리는 창가 쪽에 있습니다.

(please) (let) (me) (if) (anything) (need) (know) (you)

만일 필요한 것이 있으면 저에게 알려 주세요.

Second Hint

3
follow 따르다
let me know 알려 주세요

writing WORK 03

write AGAIN
다시 쓰기
앞서 만든 짧은 문단 전체를 이어서 다시 써 보세요.

1

저는 제 마음을 정했어요. 저는 진열장에 진열된 그 물건이 마음에 들어요. 저에게 그걸 보여주실 수 있겠어요?

2

저는 당신에게 이메일을 보냈어요. 제가 이메일에 첨부한 파일을 살펴봤어요? 저는 당신으로부터 피드백이 필요해요.

3

저를 따라오세요. 당신을 위해 예약된 자리는 창가 쪽에 있습니다. 만일 필요한 것이 있으면 저에게 알려 주세요.

여기서 끝이 아니다!
Speed Writing Book에서
빨리 쓰기 훈련을 통해
★완전히 내 것으로 소화시키세요.

writing WORK 04

QUESTIONing

질문 & 답변 문장 만들기

Wh- question 또는 일반의문문의 문장을 만들어 보세요. 그런 다음 그 질문에 답하는 문장을 써 보세요.

1

A I like the item **displayed in the window**.

B 어떤 것?   `one`

A 저쪽에 있는 것 저거.   `over there`

2

A Did you look at the file **attached with my email**?

B 응, 봤어.   `did`

A 그래서, 어떻게 생각해?   `so • what`

3

A The seat **reserved for you** is by the window.

B 저쪽에 있는 것 말씀인가요?   `mean`

A 네, 자리에 앉으시면 됩니다.   `take`

Second Hint

3
mean 의미하다
take a seat 자리에 앉다

108
영어 라이팅 훈련 실천 확장 워크북 1

writing WORK 05

PERFECT sentence

완벽한 문장 쓰기

주어진 '과거분사+전치사'를 사용하여 문법상 오류가 없는 완벽한 문장을 만들어 보세요.

1 interpreted for

"   "

2 considered as

"   "

3 supported by

"   "

4 limited within

"   "

5 examined with

"   "

Training 15 과거분사+전치사구

훈련

현재분사 -ing

이번 과에서는 동사의 현재형에 -ing를 붙인 현재분사를 문장 속에서 활용하여 쓰는 훈련을 해 봅니다.

다음 문법 지식을 알아두면
문장을 만들 때 훨씬 쉽게 만들 수 있습니다.
TARGET GRAMMAR

동사의 현재형에 -ing를 붙인 현재분사는 '~하는, ~중의'라는 '진행'의 의미를 가지며 명사 앞에서 명사를 수식하는 형용사 역할을 한다.

주어 – 동사 – 현재분사 – 목적어(명사)

Ex. I saw a couple of **singing** birds in the park. 저는 공원에서 몇 마리의 **노래하는** 새들을 봤어요.

writing WORK 01

SUBSTITUTION table

바꿔 쓰기

주어진 문장을 참고하여 단어를 바꿔서 새로운 문장을 만들어 보세요.

1

Children should not run on the moving walkway.
아이들은 무빙워크 위에서 뛰면 안 돼요.

도전 문장 ❶ 여러분들은 그 흔들리는 바닥 위를 밟으면 안 돼요. `step on • shaking`

도전 문장 ❷ 승객 여러분들은 달리는 버스에서 일어나서는 안 돼요. `stand • driving`

2

This confusing movie is hard to understand.
이 난해한 영화는 이해하기 어려워요.

도전 문장 ❶ 이 재미있는 영화는 이해하기 쉬워요. `interesting`

도전 문장 ❷ 이 지루한 영화는 내용을 따라가기가 복잡해요. `boring • complicated`

3

I just want to avoid an embarrassing moment.
저는 단지 당황스러운 순간을 피하고 싶을 뿐이에요.

도전 문장 ❶ 저는 단지 그 신나는 순간을 즐기고 싶을 뿐이에요. `enjoy • exciting`

도전 문장 ❷ 저는 단지 떠오르는 태양을 보고 싶을 뿐이에요. `hope • rising`

Second Hint

1
moving walkway 무빙워크: 움직이는 보도
shaking 흔들리는

2
confusing 혼란스러운
boring 지루한
complicated 복잡한

3
avoid 피하다
embarrassing 당황스러운
moment 순간
rising 떠오르는

Training 16 현재분사 -ing

writing WORK 02

ADD detail

살 붙여 쓰기

내용상 흐름이 자연스럽게 이어지도록 주어진 문장의 앞과 뒤에 문장을 추가해 짧은 문단을 만들어 보는 순서입니다.
주어진 단어를 순서에 맞게 배열하여 완성 문장을 만들어 보세요.

1

[long] [moving] [walkway] [this] [is] 이 무빙워크는 길어요.

Children should not run on the moving walkway. 아이들은 무빙워크 위에서 뛰면 안 돼요.

[watch] [should] [them] [over] [parents] 부모들은 그들을 잘 지켜봐야 돼요.

2

[movie] [I] [this] [watched] 저는 이 영화를 봤어요.

This confusing movie is hard to understand. 이 혼란스러운 영화는 이해하기 어려워요.

[explain it] [and] [to me] [watch it] [should] [you] 당신이 보고 제게 설명해 보세요.

3

[the room] [I] [walking out of] [am] 저는 그 방을 걸어 나오는 중이에요.

I just want to avoid an embarrassing moment. 저는 단지 그 당황스러운 순간을 피하고 싶을 뿐이에요.

[do] [you] [the same thing] [would] 당신이라도 저와 똑같이 했을 거예요.

writing WORK 03

write AGAIN
다시 쓰기
앞서 만든 짧은 문단 전체를 이어서 다시 써 보세요.

1

이 무빙워크는 길어요. 아이들은 무빙워크 위에서 뛰면 안 돼요. 부모들은 그들을 잘 지켜봐야 돼요.

2

저는 이 영화를 봤어요. 이 난해한 영화는 이해하기 어려워요. 당신이 보고 제게 설명해 보세요.

3

저는 그 방을 걸어 나오는 중이에요. 저는 단지 그 당황스러운 순간을 피하고 싶을 뿐이에요. 당신이라도 저와 똑같이 했을 거예요.

여기서 끝이 아니다!
Speed Writing Book에서
빨리 쓰기 훈련을 통해
＊완전히 내 것으로 소화시키세요.

Training **16** 현재분사 -ing

writing WORK 04

QUESTIONing

질문 & 답변 문장 만들기

Wh- question 또는 일반의문문의 문장을 만들어 보세요. 그런 다음 그 질문에 답하는 문장을 써 보세요.

1

A Children should not run on the **moving** walkway.

B 하지만, 아이들은 항상 뛰어다니는 걸요. 아이들 뒤를 따라 다니는 것이 힘들지 않나요?   `isn't • around`

A 두말 하면 잔소리죠.   `can say • again`

2

A This **confusing** movie is hard to understand.

B 그 영화의 제목이 무엇이니?   `the title of`

A 인셉션.

3

A I just want to avoid an **embarrassing** moment.

B 진정 좀 해봐.   `relax`

A 이 상황에서 내가 어떻게 진정을 하겠어?   `how • situation`

Second Hint

3
relax 진정하다
situation 상황

writing WORK 05

PERFECT sentence

완벽한 문장 쓰기

주어진 '현재분사'를 사용하여 문법상 오류가 없는 완벽한 문장을 만들어 보세요.

1. continuing

2. spreading

3. approving

4. interfering

5. satisfying

Training 16 현재분사 -ing

27 현재분사 + 전치사구

이번 과에서는 현재분사에 전치사구를 더해서 문장을 확장하여 쓰는 훈련을 해 봅니다.

다음 문법 지식을 알아두면
문장을 만들 때 훨씬 쉽게 만들 수 있습니다.

TARGET GRAMMAR

현재분사 -ing는 명사의 뒤에서 전치사구와 함께 쓰여 명사를 수식하는 형용사 역할을 할 수 있다.

주어 – 동사 – 목적어 – 현재분사 – 전치사구

Ex. I saw people **waiting in a long line**. 저는 **긴 줄에 서서 기다리는** 사람들을 봤어요.

writing WORK

SUBSTITUTION table
바꿔 쓰기

주어진 문장을 참고하여 단어를 바꿔서 새로운 문장을 만들어 보세요.

1

Take an express train departing at two.
2시에 출발하는 급행 열차를 타세요.

도전 문장 ❶ 2시에 도착하는 셔틀버스를 타세요. `arriving`

도전 문장 ❷ 테이블 위에 놓여있는 동전을 가져가세요. `sitting`

2

My older brother working at the store brought this. 그 가게에서 일하고 있는 제 형이 이것을 가지고 왔어요.

도전 문장 ❶ 소파에서 자고 있던 제 남동생이 떨어졌어요. `younger • sleeping`

도전 문장 ❷ 교차로에서 기다리고 있던 사람들은 그것을 보았어요. `at the intersection`

Second Hint

1
express 급행의, 고속의
departing 출발하는

2
intersection 교차로

SUBSTITUTION table

3

The article **talking about a boy and his loyal dog** impressed many people.
한 소년과 그의 충성스러운 개에 관한 그 기사는 많은 사람들을 감동시켰어요.

도전 문장 ❶ 교사와 학생들에게 작문 기술을 가르치는 그 책은 베스트셀러가 되었어요.

writing skills

도전 문장 ❷ 자연의 파괴에 대해 말해 주는 그 사진은 올해의 사진이 되었어요.

telling

Second Hint

3
adventure 모험
destruction 파괴

writing WORK 02

ADD detail

살 붙여 쓰기

내용상 흐름이 자연스럽게 이어지도록 주어진 문장의 앞과 뒤에 문장을 추가해 짧은 문단을 만들어 보는 순서입니다.
주어진 단어를 순서에 맞게 배열하여 완성 문장을 만들어 보세요.

1

[up] [you] [should] [hurry]   당신은 서둘러야 돼요.

Take an express train departing at two.   2시에 출발하는 급행 열차를 타세요.

[will] [you] [late] [not] [be]   당신은 늦지 않을 거예요.

2

[this] [you] [seen] [have]   이거 본 적 있어요?

My older brother working at the store brought this.   그 가게에서 일하고 있는 제 형이 이것을 가지고 왔어요.

[hope] [that] [buy] [I] [one] [could] [I]   제가 그것을 살 수 있으면 좋겠어요.

Second Hint

1
hurry up 서두르다

—

2
bring 가지고 오다

Training 17 현재분사+전치사구

writing WORK 02
ADD detail

3

[read] [did] [article] [you] [the]

The article talking about a boy and his loyal dog impressed many people.

[should] [on the Internet] [it] [you] [find] [read] [and]

그 기사 읽었어요?

한 소년과 그의 충성스러운 개에 관한 그 기사는 많은 사람들을 감동시켰어요.

당신도 인터넷에서 찾아서 읽어보세요.

writing WORK 03

write AGAIN
다시 쓰기

앞서 만든 짧은 문단 전체를 이어서 다시 써 보세요.

1

당신은 서둘러야 돼요. 2시에 출발하는 급행 열차를 타세요. 당신은 늦지 않을 거예요.

2

이거 본 적 있어요? 그 가게에서 일하고 있는 제 형이 이것을 가지고 왔어요. 제가 그것을 살 수 있으면 좋겠어요.

3

그 기사 읽었어요? 한 소년과 그의 충성스러운 개에 관한 그 기사는 많은 사람들을 감동시켰어요. 당신도 인터넷에서 찾아서 읽어 보세요.

Speed Writing Book에서
빨리 쓰기 훈련을 통해
 완전히 내 것으로 소화시키세요.

writing WORK

QUESTIONing

질문 & 답변 문장 만들기

Wh- question 또는 일반의문문의 문장을 만들어 보세요. 그런 다음 그 질문에 답하는 문장을 써 보세요.

1

A Take an exprees train **departing at two**.

B 왕복표가 얼마예요? `round-trip`

A 약 25달러 정도 해요. `about`

2

A My older brother **working at the store** brought this.

B 그게 뭔데? `What`

A 그건 새로운 공구 세트야. `tool set`

3

A The article **talking about a boy and his loyal dog** impressed many people.

B 나도 그것을 읽었어. `too`

A 맘에 들었어? `like`

Second Hint

1
round-trip 왕복 여행의
—
2
tool set 공구 세트

writing WORK 05

PERFECT sentence

완벽한 문장 쓰기

주어진 '현재분사+전치사'를 사용하여 문법상 오류가 없는 완벽한 문장을 만들어 보세요.

1 beginning at

2 emerging from

3 dreaming about

4 diving into

5 enduring despite

Training 17 현재분사+전치사구

Training 18

review 앞서 써 본 문장들을 확실히 기억하고 있는지 빈칸을 채워 문장을 완성해 보세요.

1 당신은 추천된 그 책들을 읽어야 돼요.
You _____.

2 이것은 서양화된 생활방식이에요.
This _____.

3 이 재미있는 영화는 이해하기 쉬워요.
This _____.

4 2시에 도착하는 셔틀버스를 타세요.
Take _____.

5 우리를 위해 예약된 장소는 가운데에 있어요.
The spot _____.

6 이 지루한 영화는 내용을 따라가기가 복잡해요.
This _____.

7 그는 항상 저를 편안하게 해줘요.
He _____.

8 그는 보통 일을 시작하기 전에 출석을 확인해요
He _____.

9 당신을 위해서 요리된 그 버섯 수프 맛 봤어요?
Did _____?

review & practice

review

10 저는 단지 그 신나는 순간을 즐기고 싶을 뿐이에요.
I _____.

11 교차로에서 기다리고 있던 사람들은 그것을 보았어요.
People _____.

12 소파에서 자고 있던 제 남동생이 떨어졌어요.
My _____.

13 저는 테이블 위에 진열된 그것들을 보았어요.
I _____.

14 이제 저는 그 수정된 문장들을 재검토할 필요가 있어요.
Now, _____.

15 이제 저는 얼룩이 묻은 청바지를 닦기를 원해요.
Now, _____.

16 저는 가끔 부모님을 도와서 집안일을 해요.
I _____.

17 저는 자주 제 통장의 비밀번호를 바꿔요.
I _____.

18 저는 단지 떠오르는 태양을 보고 싶을 뿐이에요.
I _____.

18

Practice — 앞에서 배운 문장 구조를 토대로 주어진 서술형 과제를 완성해 보세요.

서술하기 Description & Narration

Fred가 비행기 표를 예약하고 있습니다. 아래의 정보를 종합해서 단락(paragraph)을 만들어 보세요.

1. should read the recommended books
2. is a westernized lifestyle
3. interesting movie is easy to understand
4. a shuttle bus arriving at two
5. reserved for us is in the center
6. boring movie is complicated to follow
7. always makes me comfortable
8. often checks the attendance before work
9. you taste the mushroom soup cooked for you
10. just want to enjoy the exciting moment
11. waiting at the intersection saw it
12. younger brother sleeping on the sofa fell
13. saw them displayed on the table
14. I need to review the corrected sentences
15. I want to clean the stained jeans
16. sometimes help my parents with house chores
17. frequently change the password of my account
18. just hope to see the rising sun

Sample Writing:

Fred is taking a trip by himself to Bangkok. He will leave Incheon International Airport on August 5. His plane will make a stop in Tokyo and then go to Bangkok. He will return on August 16.

훈련

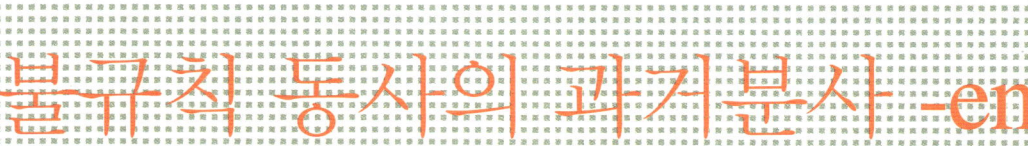

불규칙 동사의 과거분사 -en

이번 과에서는 -en을 붙여 과거분사를 만드는 동사들을 살펴보고, 이 동사들을 문장 속에서 활용하여 쓰기 훈련해 봅니다.

다음 문법 지식을 알아두면
문장을 만들 때 훨씬 쉽게 만들 수 있습니다.

TARGET GRAMMAR

| 불규칙 동사 | 과거 시제 동사 끝의 철자가 -ed로 끝나지 않는 동사를 불규칙 동사라 하며, 불규칙 동사는 -en을 붙여 과거분사를 만드는 경우가 많다. |

| 과거분사 -en | -ed(~된, ~이 끝난, ~이 완료된)와 같은 뜻을 가진다. 간혹 -en이나 -ed마저도 붙지 않는 과거분사도 있다. |

Ex. take(가져가다) – took – taken   write(쓰다) – wrote – written
       break(깨다) – broke – broken   freeze(얼다) – froze – frozen

writing WORK 01

SUBSTITUTION table

바꿔 쓰기

주어진 문장을 참고하여 단어를 바꿔서 새로운 문장을 만들어 보세요.

1

He revealed the hidden secret.
그는 감춰진 비밀을 밝혔어요.

도전 문장 ❶ 그는 깨진 유리잔을 감췄어요.   `hid • broken`

도전 문장 ❷ 그는 찢어진 양말을 버렸어요.   `threw out • torn`

2

My favorite dessert is strawberry frozen yogurt.
제가 가장 좋아하는 디저트는 딸기 프로즌 요거트예요.

도전 문장 ❶ 그들은 서면으로 된 통지서를 가지고 여기에 올 거예요.   `written notification`

도전 문장 ❷ 저는 제 잃어버린 시계를 위해서 그리로 갈게요.   `lost`

3

I want to retrieve my forgotten password.
저는 제 잊어버린 패스워드를 찾기를 원해요.

도전 문장 ❶ 저는 제 도난당한 시계를 찾기를 원해요.   `retrieve • stolen`

도전 문장 ❷ 그들은 그 유명한 저자를 만나기를 원해요.   `well-known`

Second Hint

1
reveal 누설하다, 유출하다
hidden 감춰진
secret 비밀
broken 깨진
throw out 버리다

2
dessert 후식, 디저트
frozen 냉동된, 언
written 서면의
notification 통지서

3
retrieve 되찾다
forgotten 잊어버린
stolen 도난 당한
well-known 유명한

writing WORK

ADD detail

살 붙여 쓰기

내용상 흐름이 자연스럽게 이어지도록 주어진 문장의 앞과 뒤에 문장을 추가해 짧은 문단을 만들어 보는 순서입니다.
주어진 단어를 순서에 맞게 배열하여 완성 문장을 만들어 보세요.

1

`a` `had` `secret` `he` — 그는 비밀을 하나 가지고 있어요.

He revealed the hidden secret. 그는 감춰진 비밀을 밝혔어요.

`the` `people` `secret` `many` `shocked` — 그 비밀은 많은 사람들을 놀라게 했어요.

2

`I` `my` `waiting for` `am` `dessert` — 저는 디저트를 기다리고 있어요.

My favorite dessert is strawberry frozen yogurt. 제가 가장 좋아하는 디저트는 딸기 프로즌 요거트예요.

`I` `have` `my` `it` `am going to` `cousin` `with` — 제 사촌과 함께 먹을 거예요.

3

`I` `my` `forgot` `again` `password` — 저는 제 패스워드를 또 잊어버렸어요.

I want to retrieve my forgotten password. 저는 제 잊어버린 패스워드를 찾기를 원해요.

`with` `password` `the` `starts` `the letter K` — 그 패스워드는 K자로 시작해요.

Second Hint

1
shock 충격을 주다

—

2
wait for ~을 기다리다
cousin 사촌

1

그는 비밀을 하나 가지고 있어요. 그는 감춰진 비밀을 밝혔어요. 그 비밀은 많은 사람들을 놀라게 했어요.

write AGAIN

다시 쓰기

앞서 만든 짧은 문단 전체를 이어서 다시 써 보세요.

2

저는 디저트를 기다리고 있어요. 제가 가장 좋아하는 디저트는 딸기 프로즌 요거트예요. 제 사촌과 함께 먹을 거예요.

3

저는 제 패스워드를 또 잊어버렸어요. 제 잊어버린 패스워드를 찾기를 원해요. 그 패스워드는 K자로 시작해요.

writing WORK

QUESTIONing

질 문 & 답변 문장 만 들 기

Wh- question 또는 일반의문문의 문장을 만들어 보세요. 그런 다음 그 질문에 답하는 문장을 써 보세요.

1

A He revealed the **hidden** secret.

B 왜지?

A 왜냐하면 그는 비밀스런 삶에서 벗어나고 싶었던 거지.   `stop living`

2

A My favorite dessert is strawberry **frozen** yogurt.

B 그런데 그게 메뉴에 없는데.

A 그럼 그 외에 다른 거 뭘 시켜야 하지?   `what else`

3

A I want to retrieve my **forgotten** password.

B 첫 번째 글자가 뭐예요?

A 이럴 수가! 그것마저도 생각이 안 나네.   `gosh • even`

Second Hint

2
what else 그 밖에 다른 무엇
—
3
even ~조차

writing WORK

05

PERFECT sentence

완벽한 문장 쓰기

주어진 '불규칙 동사의 과거분사'를 사용하여 문법상 오류가 없는 완벽한 문장을 만들어 보세요.

1 unknown

2 written

3 chosen

4 worn

5 frozen

Training **19** 불규칙동사의 과거분사 -en

수동태

이번 과에서는 '~당한', '~된', '~받은'의 의미로, 외부적인 요인으로 상태가 바뀐 것을 나타낼 때 필요한 수동태 문장을 쓰기 훈련해 봅니다.

다음 문법 지식을 알아두면
문장을 만들 때 훨씬 쉽게 만들 수 있습니다.

TARGET GRAMMAR

| 수동태 | 외부적인 요인으로 상태가 바뀐 것을 나타내는 문장이며 '주어+be동사+과거분사+(전치사구)'의 단어 배열을 가진다. |

Ex. the blessed day 그 축복된 날들

○ 주어 – be동사 – 과거분사

The day **was blessed**. 그날은 **축복 받았어요**.

writing WORK 01

SUBSTITUTION table
바꿔 쓰기

주어진 문장을 참고하여 단어를 바꿔서 새로운 문장을 만들어 보세요.

1

The exit sign is placed above the door.
출구 표시는 그 문 위에 붙어 있어요.

도전 문장 ❶ 출구 표시는 전등으로 대체되었어요. `be replaced with`

도전 문장 ❷ 그 신호등은 태풍이 지나간 후에 고장 났어요. `be broken`

2

We were very shocked by the news.
우리는 그 뉴스에 매우 놀랐어요.

도전 문장 ❶ 저는 한국 역사에 관심이 있어요. `be interested in`

도전 문장 ❷ 우리는 그의 실수에 매우 당황했어요. `be embarrassed`

3

It was taken care of immediately.
그것은 즉시 처리되었습니다.

도전 문장 ❶ 그 루머는 즉시 퍼졌어요. `be spread`

도전 문장 ❷ 그 상태가 점차 향상되었어요. `be improved`

Second Hint

1
be replaced with ~으로 대체되다
broken 고장난
typhoon 태풍

2
embarrassed 당황한

3
take care of 처리하다
immediately 즉시, 즉각
spread 퍼뜨리다, 퍼지다

writing WORK 02

ADD detail

살 붙여 쓰기

내용상 흐름이 자연스럽게 이어지도록 주어진 문장의 앞과 뒤에 문장을 추가해 짧은 문단을 만들어 보는 순서입니다.
주어진 단어를 순서에 맞게 배열하여 완성 문장을 만들어 보세요.

1

[know] [you] [the exit] [is] [where] [need to]

당신은 출구가 어디에 있는지 알 필요가 있어요.

The exit sign is placed above the door.

출구 표시는 그 문 위에 붙어 있어요.

[this] [hall] [follow] [just]

이 복도를 따라가기만 하세요.

2

[on] [we] [listened] [to] [the news] [the radio]

우리는 그 뉴스를 라디오로 들었어요.

We were very shocked by the news.

우리는 그 뉴스에 매우 놀랐어요.

[we] [what] [didn't] [know] [happen] [was going to]

우리는 무슨 일이 생길지 몰랐어요.

3

(an) (was) (accident) (there) 사고가 있어요.

It was taken care of immediately. 그것은 즉시 처리되었어요.

(it) (cleared up) (now) (is) 이제는 정리가 되어 있어요.

writing WORK 03

write AGAIN
다시 쓰기

앞서 만든 짧은 문단 전체를 이어서 다시 써 보세요.

1

당신은 출구가 어디에 있는지 알 필요가 있어요. 출구 표시는 그 문 위에 붙어 있어요. 이 복도를 따라가기만 하세요.

2

우리는 그 뉴스를 라디오로 들었어요. 우리는 그 뉴스에 매우 놀랐어요. 우리는 무슨 일이 생길지 몰랐어요.

3

사고가 있었어요. 그것은 즉시 처리되었어요. 이제는 정리가 되어 있어요.

여기서 끝이 아니다!
Speed Writing Book에서
빨리 쓰기 훈련을 통해
*완전히 내 것으로 소화시키세요.

04 QUESTIONing

질문 & 답변 문장 만들기

Wh- question 또는 일반의문문의 문장을 만들어 보세요. 그런 다음 그 질문에 답하는 문장을 써 보세요.

1

A The exit sign **is placed** above the door.

B 어느 문을 말하고 있는 거니? — `talk about`

A 네 앞에 있는 그거. — `in front of`

2

A We **were** very **shocked** by the news.

B 그 뉴스는 말 그대로 모든 사람들을 놀라게 했어. — `literally • everyone`

A 맞아, 그건 예상치 못한 거였어. — `expected`

3

A It **was taken care of** immediately.

B 그 후로 모든 것이 다 괜찮았니? — `all right`

A 약간의 문제가 있긴 했었어, 하지만 별거 아니었어. — `a few • minor`

Second Hint

1
in front of ~앞에

2
literally 말 그대로
surprise 놀라게 하다
expected 예상하다, 기대하다

3
minor 작은 문제, 가벼운 문제

writing WORK

05

PERFECT sentence

완 벽 한
문장 쓰기

'수동태'를 사용하여 문법상 오류가 없는 완벽한 문장을 만들어 보세요.

1 is advocated
" _____
 _____ "

2 was expanded
" _____
 _____ "

3 is pronounced
" _____
 _____ "

4 were recognized
" _____
 _____ "

5 were stimulated
" _____
 _____ "

21 현재진행형과 과거진행형

이번 과에서는 현재 또는 과거에 어떤 일이 계속해서 반복 진행되고 있는 것을 나타내는 현재진행형과 과거진행형의 문장을 쓰기 훈련해 봅니다.

다음 문법 지식을 알아두면
문장을 만들 때 훨씬 쉽게 만들 수 있습니다.

TARGET GRAMMAR

현재진행형　'am/are/is+-ing'의 형태를 가지며 현재 어떤 일이 계속해서 반복 진행되고 있음을 말한다.

주어 – am/are/is – 동사의 -ing

Ex. He is smiling. 그가 미소 짓고 있어요.

과거진행형　'was/were+-ing'의 형태를 가지며 과거에 어떤 일이 계속해서 반복 진행되고 있었음을 말한다.

주어 – was/were – 동사의 -ing

Ex. He was smiling. 그가 미소 짓고 있었어요.

writing WORK 01

SUBSTITUTION table
바꿔 쓰기

주어진 문장을 참고하여 단어를 바꿔서 새로운 문장을 만들어 보세요.

1

People were waiting at the crossroad.
사람들이 교차로에서 기다리고 있는 중이에요.

도전 문장 ❶ 사람들이 줄을 서서 기다리고 있는 중이었어요. `in line`

도전 문장 ❷ 모두 그들의 자리에서 일어서고 있었어요. `rising from`

2

Who else is coming besides you three?
당신들 셋을 제외하고 그 밖에 누가 오나요?

도전 문장 ❶ 이 세 가지를 제외하고 무엇이 빠져 있나요? `what else`

도전 문장 ❷ 그 밖에 누가 그의 집에 가나요? `who else`

3

They were moving the couch.
그들이 긴 의자를 옮기고 있는 중이었어요.

도전 문장 ❶ 그들이 그들의 물건을 옮기고 있는 중이었어요. `stuffs`

도전 문장 ❷ 저는 저의 팔을 위 아래로 움직이고 있는 중이었어요. `up and down`

Second Hint

1
crossroad 교차로
rise 일어서다

2
besides ~을 제외하고

3
move 옮기다
couch 긴 의자
stuff 물건
up and down 위아래로

4

I was trying to help.
저는 도우려고 하는 중이었어요.

도전 문장 ❶ 저는 침착하려고 노력하는 중이에요. `calm`

도전 문장 ❷ 저는 저의 두 다리를 뻗으려고 애쓰는 중이었어요. `stretch out`

---

writing WORK 01
SUBSTITUTION table

Second Hint
4
calm 진정시키다
stretch out 뻗다

Training 21 현재진행형과 과거진행형

writing WORK

02
ADD detail

살 붙여 쓰기

내용상 흐름이 자연스럽게 이어지도록 주어진 문장의 앞과 뒤에 문장을 추가해 짧은 문단을 만들어 보는 순서입니다.
주어진 단어를 순서에 맞게 배열하여 완성 문장을 만들어 보세요.

1

raining | was | it   비가 오고 있었어요.

People were waiting at the crossroad.   사람들이 교차로에서 기다리고 있는 중이었어요.

busy | it | street | a | was   그것은 바쁜 거리였어요.

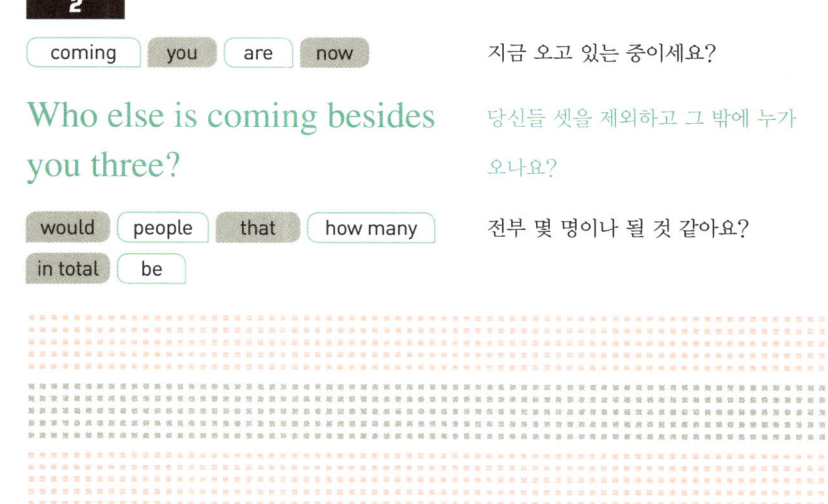

2

coming | you | are | now   지금 오고 있는 중이세요?

Who else is coming besides you three?   당신들 셋을 제외하고 그 밖에 누가 오나요?

would | people | that | how many | in total | be   전부 몇 명이나 될 것 같아요?

Second Hint

2
in total 전체, 총

writing WORK

ADD detail

3

`were` `they` `out` `moving` 그들은 이사 나가고 있는 중이에요.

They were moving the couch. 그들이 긴 의자를 옮기고 있는 중이에요.

`so` `couch` `the` `heavy` `looked` 그 긴 의자가 꽤 무거워 보였어요.

4

`help` `needed` `he` 그는 도움이 필요했어요.

I was trying to help. 저는 도우려고 하는 중이었고요.

`he` `helping` `me` `for` `thanked` `him` 그는 제가 그를 도와주는 것에 대해 감사했어요.

Second Hint

3
move out 이사 나가다
heavy 무거운

4
thank 감사하다

writing WORK

write AGAIN

다시 쓰기

앞서 만든 짧은 문단 전체를 이어서 다시 써 보세요.

1

비가 오고 있어요. 사람들이 교차로에서 기다리고 있는 중이었어요. 그것은 바쁜 거리였어요.

2

지금 오고 있는 중이세요? 당신들 셋을 제외하고 그 밖에 누가 오나요? 전부 몇 명이나 될 것 같아요?

3

그들은 이사 나가고 있는 중이에요. 그들이 긴 의자를 옮기고 있는 중이에요. 그 긴 의자가 꽤 무거워 보였어요.

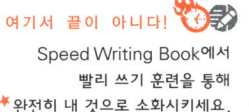

여기서 끝이 아니다!
Speed Writing Book에서
빨리 쓰기 훈련을 통해
완전히 내 것으로 소화시키세요.

4

그는 도움이 필요했어요. 저는 도우려고 하는 중이었고요. 그는 제가 그를 도와주는 것에 대해 감사했어요.

""

writing WORK 04

QUESTIONing
질문 & 답변 문장 만들기

Wh- question 또는 일반의문문의 문장을 만들어 보세요. 그런 다음 그 질문에 답하는 문장을 써 보세요.

1

Ⓐ People **were waiting** at the crossroad.
Ⓑ 그 신호등이 고장 났었니?   `traffic signal`

Ⓐ 응, 그게 그래 보였어.   `looked like`

2

Ⓐ Who else **is coming** besides you three?
Ⓑ Jeremy가 오고 있는 중이야.

Ⓐ 누가 Jeremy에게 얘기했니?   `told`

3

Ⓐ They **were moving** the couch.
Ⓑ 그들이 이사 나가고 있는 중이니?

Ⓐ 아마도.

4

Ⓐ I **was trying** to help.
Ⓑ 너는 누구를 도우려고 애쓰고 있는 중이니?   `whom`

Ⓐ 시험 공부하고 있는 Kathy.   `studying for`

Second Hint

1
traffic signal 신호등
broken 고장 난

writing WORK 05

PERFECT sentence

완 벽 한 문장 쓰기

'현재진행형과 과거진행형'을 사용하여 문법상 오류가 없는 완벽한 문장을 만들어 보세요.

1 is dealing with

2 are passing

3 was demonstrating

4 were speculating

5 was chewing

Training 21 현재진행형과 과거진행형

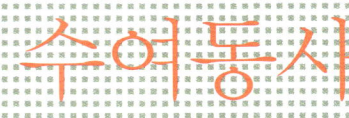

수여동사

이번 과에서는 give, make, send, buy, tell 등 뭔가를 건네주거나 수여하는 뜻을 가진 수여동사를 문장 속에서 쓰기 훈련해 봅니다.

다음 문법 지식을 알아두면
문장을 만들 때 훨씬 쉽게 만들 수 있습니다.

TARGET GRAMMAR

| 수여동사 | 뭔가를 건네주거나 수여하는 뜻을 가진 동사로, 주로 '~에게 ~을 해주다'라는 뜻을 가진다. 수여동사는 직접목적어와 간접목적어(행위를 받는 대상) 모두를 필요로 한다. 그 예로는, give, send, tell, teach, lend, make, buy, ask, cook 등이 있다. |

주어 – 수여동사 – 간접목적어 – 직접목적어

Ex. The example **gives** me a hint. 그 보기가 제게 힌트를 **줘요**.

writing WORK

SUBSTITUTION table

바꿔 쓰기

주어진 문장을 참고하여 단어를 바꿔서 새로운 문장을 만들어 보세요.

1

She sent the text message to David last night.
그녀는 어젯밤 David에게 그 문자 메시지를 보냈어요.

도전 문장 ❶ 그녀는 어제 제게 이것을 사주었어요. `bought`

도전 문장 ❷ 저는 그를 위해서 쿠키를 만들었어요. `made`

2

He gave me a present.
그는 저에게 선물을 주었어요.

도전 문장 ❶ 그는 저에게 돈을 빌려주었어요. `lent`

도전 문장 ❷ 그는 저에게 기본 기술을 가르쳐 주었어요. `taught`

3

I made a cake for her.
저는 그녀를 위해서 케이크를 만들었어요.

도전 문장 ❶ 저는 그녀에게 아무것도 말해주지 않았어요. `told`

도전 문장 ❷ 저는 그에게 힌트 두 개를 주었어요. `gave`

Second Hint

1
text message 문자 메시지
last night 어젯밤

2
lend 빌려 주다
tachnique 기술

3
hint 힌트

Training 22 수여동사

writing WORK

ADD detail

살 붙여 쓰기

내용상 흐름이 자연스럽게 이어지도록 주어진 문장의 앞과 뒤에 문장을 추가해 짧은 문단을 만들어 보는 순서입니다.
주어진 단어를 순서에 맞게 배열하여 완성 문장을 만들어 보세요.

1

`message` `I` `the` `text` `read`
저는 그 문자 메시지를 읽었어요.

She sent the text message to David last night.
그녀는 어젯밤 David에게 그 문자를 보냈어요.

`about` `it` `next` `meeting` `was` `their`
그것은 그들의 다음 만남에 관한 거였어요.

2

`birthday` `remembered` `my` `he`
그가 제 생일을 기억했어요.

He gave me a present.
그는 저에게 선물을 주었어요.

`wanted` `the` `exactly` `was` `present` `what` `I`
그 선물은 바로 제가 원하던 거였어요.

3

`special` `is` `today` `a` `day`
오늘은 특별한 날이에요.

I made a cake for her.
저는 그녀를 위해서 케이크를 만들었어요.

`she` `hope` `like` `I` `it` `will`
저는 그녀가 그것을 좋아하기를 바라요.

Second Hint

2
remember 기억하다

3
special 특별한

write AGAIN
다시 쓰기

앞서 만든 짧은 문단 전체를 이어서 다시 써 보세요.

1

저는 그 문자 메시지를 읽었어요. 그녀는 어젯밤 David에게 그 문자 메세지를 보냈어요. 그것은 그들의 다음 만남에 관한 거였어요.

2

그가 제 생일을 기억했어요. 그는 저에게 선물을 주었어요. 그 선물은 바로 제가 원하던 거였어요.

3

오늘은 특별한 날이에요. 저는 그녀를 위해서 케이크를 만들었어요. 저는 그녀가 그것을 좋아하기를 바라요.

여기서 끝이 아니다!
Speed Writing Book에서
빨리 쓰기 훈련을 통해
*완전히 내 것으로 소화시키세요.

writing WORK

QUESTIONing

질문 &
답변 문장
만들기

Wh- question 또는 일반의문문의 문장을 만들어 보세요. 그런 다음 그 질문에 답하는 문장을 써 보세요.

1

A She **sent** the text message to David last night.

B 그 문자 메시지가 무엇에 관한 것인지 보았니?　`what • about`

A 아니, 볼 기회가 없었어.　`have a chance`

2

A He **gave** me a present.

B 뭐 때문에?　`for`

A 내 생일 선물로 준 거야.

3

A I **made** a cake for her.

B 그녀가 좋아했니?　`like`

A 아주 많이.

154

writing WORK 05

PERFECT sentence

완벽한 문장 쓰기

주어진 '수여동사'를 사용하여 문법상 오류가 없는 완벽한 문장을 만들어 보세요.

1 gave

2 made

3 showed

4 sent

5 write

Training **22** 수여동사

훈련

have를 써야 하는 네 가지 경우

이번 과에서는 우리에게 가장 익숙한 동사 중 하나인 have의 네 가지 용법을 살펴보고, 이를 문장 속에서 활용하여 쓰기 훈련을 해 봅니다.

다음 문법 지식을 알아두면
문장을 만들 때 훨씬 쉽게 만들 수 있습니다.

TARGET GRAMMAR

일반동사 have	가지다, 먹다
	주어 – 일반동사 have – 목적어
	Ex. We **have** breakfast. 우리는 아침을 **먹어요**.

사역동사 have	~시키다, ~하게 하다
	주어 – 사역동사 – 목적어 – 목적보어
	Ex. They **have** me do this. 그들은 제가 이것을 하도록 **시켜요**.

have + 과거분사	현재까지 ~했다(완료)
	주어 – have+과거분사 – 목적어
	Ex. I **have enjoyed** it. 저는 (현재까지) 그것을 **즐겼어요**.

have to	~해야만 한다(의무, 책임)
	주어 – have to – 동사원형
	Ex. You **have to** know this. 당신은 이것을 알아야**만 해요**.

1

I have to do my homework first.
저는 먼저 제 숙제를 해야 돼요.

도전 문장 ① 저는 먼저 그에게 전화를 해야 돼요. `call`

도전 문장 ② 저는 날짜를 확인해야 돼요. `check`

2

You have options to choose from.
당신은 고를 수 있는 선택지를 가지고 있어요.

도전 문장 ① 당신은 대화할 친구들을 가지고 있잖아요. `talk to`

도전 문장 ② 당신은 머물 장소를 가지고 있잖아요. `stay`

3

The situation made me act like that.
그 상황이 저를 그렇게 행동하도록 만들었어요.

도전 문장 ① 당신이 저로 하여금 그것을 하도록 시켰잖아요. `do`

도전 문장 ② 저의 본능이 저로 하여금 달리게 하였어요. `instinct`

writing WORK

SUBSTITUTION table

바꿔 쓰기

주어진 문장을 참고하여 단어를 바꿔서 새로운 문장을 만들어 보세요.

Second Hint

1
first 먼저, 우선

2
option 선택할 수 있는 것, 선택권

3
act 행동하다
instinct 본능

writing WORK 01
SUBSTITUTION table

4

You have just said that.
당신이 방금 그렇게 말했잖아요.

도전 문장 ❶ 당신이 방금 제게 그것을 말해줬잖아요.   `told`

도전 문장 ❷ 제가 방금 그것을 끝마쳤어요.   `done`

Second Hint

4
have done ~을 끝내다

writing WORK 02

ADD detail

살 붙여 쓰기

내용상 흐름이 자연스럽게 이어지도록 주어진 문장의 앞과 뒤에 문장을 추가해 짧은 문단을 만들어 보는 순서입니다.
주어진 단어를 순서에 맞게 배열하여 완성 문장을 만들어 보세요.

1

[a lot of] [I] [homework] [have]
저는 숙제가 많아요.

I have to do my homework first.
저는 먼저 제 숙제를 해야 돼요.

[play] [will] [a computer game] [I] [and then]
그런 다음, 저는 컴퓨터 게임을 할 거예요.

2

[your] [need to] [you] [schedule] [fill up]
당신의 일정표를 채워 넣으셔야 돼요.

You have options to choose from.
당신은 고를 수 있는 선택지를 가지고 있어요.

[wisely] [choose] [you] [have to]
현명하게 골라야 돼요.

Second Hint

1
computer game 컴퓨터 게임

2
schedule 일정(표), 스케줄
wisely 현명하게

writing WORK 02 — ADD detail

3

to / shout / but / I / no choice / had

저는 소리 지르는 것 외에 다른 선택이 없었어요.

The situation made me act like that.

그 상황이 저를 그렇게 행동하도록 만들었어요.

want / to / I / do / again / that / don't

저는 그것을 또 하고 싶지 않아요.

4

not / to / don't / know / pretend

모르는 척 하지 마세요.

You have just said that.

당신이 방금 그렇게 말했잖아요.

heard / I / clearly / it / have

제가 그것을 분명히 들었어요.

Second Hint

3
shout 소리 지르다
choice 선택

4
pretend ~한 척하다
clearly 분명히

write AGAIN
다시 쓰기
앞서 만든 짧은 문단 전체를 이어서 다시 써 보세요.

1

저는 숙제가 많아요. 저는 먼저 저의 숙제를 해야 돼요. 그런 다음, 저는 컴퓨터 게임을 할 거예요.

2

당신의 일정표를 채워 넣으셔야 돼요. 당신은 고를 수 있는 선택지를 가지고 있어요. 현명하게 골라야 돼요.

3

저는 소리 지르는 것 외에 다른 선택이 없었어요. 그 상황이 저를 그렇게 행동하도록 만들었어요. 저는 그것을 또 하고 싶지 않아요.

여기서 끝이 아니다!
Speed Writing Book에서
빨리 쓰기 훈련을 통해
완전히 내 것으로 소화시키세요.

writing WORK 03 — write AGAIN

4

모르는 척 하지 마세요. 당신이 방금 그렇게 말했잖아요. 제가 그것을 분명히 들었어요.

"

writing WORK 04

QUESTIONing

질 문 &
답변 문장
만 들 기

Wh- question 또는 일반의문문의 문장을 만들어 보세요. 그런 다음 그 질문에 답하는 문장을 써 보세요.

1

- **Q** I **have to** do my homework first.
- **B** 그 후에는 무엇을 할 예정이니? `are ~ going to`

- **A** 나가서 놀 거야. `go out`

2

- **Q** You **have** options to choose from.
- **B** 몇 가지 선택? `how many`

- **A** 세 개의 선택.

3

- **Q** The situation **made** me act like that.
- **B** 네가 유일하게 혼자였니? `the only one`

- **A** 아니, 다른 사람들도 있었어. `other people`

Second Hint

1
go out 밖으로 나가다

2
choose 선택하다, 고르다

QUESTIONing

4

Q You **have** just said that.

B 내가 무엇을 말했는데?

A 네가 그녀에게 마음이 있다고 말했잖아. `have a feeling for`

B 그냥 입에서 (실수로) 흘러나온 말이야. `slipped out of`

Second Hint

4

have a feeling for
~에 마음이 있다

slip out
(실수로) 말이 흘러나오다

writing WORK 05

PERFECT sentence

완벽한 문장 쓰기

have를 사용하여 문법상 오류가 없는 완벽한 문장을 만들어 보세요.

1 has to

2 had

3 had the trainee + 목적 보어

4 have said

5 have to

Training 23 have를 써야 하는 네 가지 경우

훈련

현재완료형

이번 과에서는 'have+과거분사'의 형태를 가지며, 과거에 있었던 일이 현재와 연결되어 있음을 나타내는 현재완료형 문장을 쓰기 훈련해 봅니다.

다음 문법 지식을 알아두면
문장을 만들 때 훨씬 쉽게 만들 수 있습니다.

TARGET GRAMMAR

| 현재형 | 일상적인 습관, 별일 없는 한 계속 이어질 행동이나 현상 |

| 과거형 | 영어의 과거형은 과거에 시작해서 과거에 끝난 일만 얘기하므로 현재가 어떤 상태인지는 알 수가 없다. |

| 현재완료형 | 'have+과거분사'의 형태를 가지며 과거에 있었던 일이 현재와 연결되어 있음을 알려준다. 현재완료형이 없었더라면 과거의 일이 영원히 과거에 묻힐 뻔 했는데 이 현재완료형 때문에 과거의 사건이 현재에까지 영향을 주고 있음을 나타낼 수 있게 되었다. |

주어 – have+과거분사 – 목적어

Ex. I **have studied** Chapter 1. 저는 **현재까지(조금 전까지, 방금 전에, 막)** 1과를 **공부했어요**.

writing WORK 01

SUBSTITUTION table
바꿔 쓰기

주어진 문장을 참고하여 단어를 바꿔서 새로운 문장을 만들어 보세요.

1

I have been there before.
저는 전에 거기에 가본 적이 있어요.

도전 문장 ❶ 그것이 사라져 버렸어요. `gone`

도전 문장 ❷ 저는 여기에 3년 동안 살고 있어요. `have lived`

2

It has been a controversial issue for many years.
그것은 수년 동안 논쟁거리가 되어 오고 있어요.

도전 문장 ❶ 평소보다 더 더운 날씨가 계속되고 있어요. `hotter • usual`

도전 문장 ❷ 그녀는 수년 동안 우리를 지원해왔어요. `supported`

3

He has already finished his paper.
그는 그의 리포트를 벌써 끝냈어요.

도전 문장 ❶ 저는 식사를 벌써 끝냈어요. `meal`

도전 문장 ❷ 그는 이미 앞 줄에 앉았어요. `front row`

Second Hint

2
controversial 논쟁거리가 되는
usual 평소의
support 지원하다

3
already 이미, 벌써
finish 끝마치다
paper 리포트
meal 식사
front row 앞 줄

writing WORK 02

ADD detail

살 붙여 쓰기

내용상 흐름이 자연스럽게 이어지도록 주어진 문장의 앞과 뒤에 문장을 추가해 짧은 문단을 만들어 보는 순서입니다.
주어진 단어를 순서에 맞게 배열하여 완성 문장을 만들어 보세요.

1

I | what | there | to | do | know   저는 거기서 무엇을 해야 할지 알아요.

I have been there before.   저는 전에 거기에 가본 적이 있어요.

is | my | that | place | favorite   그곳이 제가 제일 좋아하는 장소예요.

2

are | about | people | it | sensitive   사람들은 그것에 대해 민감해요.

It has been a controversial issue for many years.   그것은 수년 동안 논쟁거리가 되어 오고 있어요.

will | the same | it | be | for a while   그것은 당분간 똑같을 거예요.

Second Hint

1
favorite 가장 좋아하는

2
sensitive 민감한, 예민한
issue 이슈, 쟁점
for a while 당분간

3

`it` `started` `early` `he`

그는 그것을 일찍 시작했어요.

He has already finished his paper.

그는 그의 리포트를 벌써 끝냈어요.

`will` `his` `enjoy` `he` `free time`

그는 자유 시간을 즐길 거예요.

writing WORK 03

write AGAIN
다시 쓰기

앞서 만든 짧은 문단 전체를 이어서 다시 써 보세요.

1

저는 거기서 무엇을 해야 할지 알아요. 저는 전에 거기에 가본 적이 있어요. 그곳이 제가 제일 좋아하는 장소예요.

2

사람들은 그것에 대해 민감해요. 그것은 수년 동안 논쟁거리가 되어 오고 있어요. 그것은 당분간 똑같을 거예요.

3

그는 그것을 일찍 시작했어요. 그는 그의 리포트를 벌써 끝냈어요. 그는 자유 시간을 즐길 거예요.

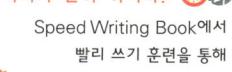

여기서 끝이 아니다!
Speed Writing Book에서 빨리 쓰기 훈련을 통해 ★완전히 내 것으로 소화시키세요.

04

writing WORK

QUESTIONing

질문 & 답변 문장 만들기

Wh- question 또는 일반의문문의 문장을 만들어 보세요. 그런 다음 그 질문에 답하는 문장을 써 보세요.

1

Q I **have been** there before.

B 넌 거기 어땠어? `how`

Q 오! 끝내줬어! `great`

2

Q It **has been** a controversial issue for many years.

B 우리가 그것을 해결할 방법이 있을까? `any way`

Q 내가 아는 바로는 특별한 해결책이 없어. `As far as • particular`

3

Q He **has** already **finished** his paper.

B 그가 부럽구나. `envy`

Q 넌 그걸 언제 끝낼 거니? `when`

Second Hint

2
solve 해결하다
particular 특별한
solution 해결책

—

3
envy 부러워하다

Training 24 현재완료형

writing WORK 05

PERFECT sentence

완 벽 한
문장 쓰기

'현재완료형'을 사용하여 문법상 오류가 없는 완벽한 문장을 만들어 보세요.

1 have learned

2 has threatened

3 have realized

4 has inquired

5 have encountered

미래형과 미래진행형

이번 과에서는 미래에 있을 일에 대해 말하는 미래형과 미래진행형의 문장을 쓰기 훈련해 봅니다.

다음 문법 지식을 알아두면
문장을 만들 때 훨씬 쉽게 만들 수 있습니다.

TARGET GRAMMAR

미래형

will+동사원형 → ~할 것이다

주어 – will – 동사원형

Ex. I **will** explain this. 제가 이것을 설명**할게요**.

미래진행형

will+be+-ing → ~하고 있는 중일 것이다

주어 – will be – 동사 -ing

Ex. I **will** be explain**ing** this. 저는 이것을 설명하고 있는 **중일 거예요**.

writing WORK

SUBSTITUTION table

바꿔 쓰기

주어진 문장을 참고하여 단어를 바꿔서 새로운 문장을 만들어 보세요.

1

I will meet you at the lobby.
저는 당신을 로비에서 만날 거예요.

도전 문장 ❶ Fred가 우리를 위해서 나머지를 할 거예요. `the rest`

도전 문장 ❷ 보충 시험이 있을 거예요. `make-up test`

2

This will make you feel better.
이것의 당신의 기분을 좋게 해줄 거예요.

도전 문장 ❶ 이 화살표 표지가 당신을 그 방으로 안내해 줄 거예요. `arrow sign • guide`

도전 문장 ❷ 전화 한 통이 당신의 인생을 바꿀 거예요. `phone call`

3

I will be going home by bus then.
저는 그때쯤 버스로 집에 가고 있는 중일 거예요.

도전 문장 ❶ 당신이 올 때쯤이면 우리는 식사하고 있는 중일 거예요. `by the time`

도전 문장 ❷ 우리가 도착할 때쯤이면 그들은 자고 있을 거예요.

Second Hint

1
lobby 로비
rest 나머지
make-up 보충의

2
feel better 더 기분 좋다
arrow 화살표
guide 안내해주다

3
by bus 버스로
by the time 그 때쯤이면

4

SUBSTITUTION table

Andrea will be participating in this activity.
Andrea가 이 모임에 참석 중일 거예요.

도전 문장 ❶ 그들이 좋은 자리에 앉아 있을 거예요.   `good spot`

도전 문장 ❷ 저는 다음 주에 당신의 답변을 기다리고 있을 거예요.   `reply`

Second Hint

4
participate in
~에 참여하다
activity 활동
reply 답변

writing WORK

ADD detail

살 붙여 쓰기

내용상 흐름이 자연스럽게 이어지도록 주어진 문장의 앞과 뒤에 문장을 추가해 **짧은** 문단을 만들어 보는 순서입니다.
주어진 단어를 순서에 맞게 배열하여 완성 문장을 만들어 보세요.

1

`I` `my` `soon` `will` `leave` `office` 저는 곧 사무실을 나갈 거예요.

I will meet you at the lobby. 저는 당신을 로비에서 만날 거예요.

`a quiet place` `go` `then` `to talk` `to` `can` `we` 그런 다음 얘기하기에 조용한 장소로 갈 수 있어요.

2

`are` `is` `looking for` `the one` `this` `you` 이게 당신이 찾고 있는 거예요.

This will make you feel better. 이게 당신의 기분을 좋게 해줄 거예요.

`can` `it` `later` `return` `to me` `you` 당신은 나중에 제게 돌려줘도 돼요.

Second Hint

1
leave 떠나다
quiet 조용한

2
later 나중에
return 돌려주다

176
영어 라이팅 훈련 실천 확장 워크북 1

writing WORK 02
ADD detail

3

`be` `four` `cannot` `by` `home` `I`

저는 4시까지는 집에 못 가요.

I will be going home by bus then.

저는 그때쯤 버스로 집에 가고 있는 중일 거예요.

`will` `around` `be` `home` `I` `five`

저는 5시쯤에 집에 도착할 거예요.

4

`a` `for` `have` `new` `this` `activity` `volunteer` `we`

우리는 이 활동을 위한 새로운 지원자를 한 사람 가지고 있어요.

Andrea will be participating in this activity.

Andrea가 이 모임에 참석하는 중일 거예요.

`a` `part` `taking` `be` `she` `special` `will`

그녀는 특별한 역할을 맡게 될 거예요.

Second Hint

3
around ~시쯤

4
volunteer 지원자
take a part 역할을 맡다

writing WORK 03

write AGAIN
다시 쓰기

앞서 만든 짧은 문단 전체를 이어서 다시 써 보세요.

1

저는 곧 사무실을 나갈 거예요. 당신을 로비에서 만날 거예요. 그런 다음 얘기하기에 조용한 장소로 갈 수 있어요.

2

이게 당신이 찾고 있는 거예요. 이게 당신의 기분을 좋게 해줄 거예요. 당신은 나중에 제게 돌려줘도 돼요.

3

저는 4시까지는 집에 못가요. 저는 그때쯤 버스로 집에 가고 있는 중일 거예요. 저는 5시쯤에 집에 도착할 거예요.

4

우리는 이 활동을 위한 새로운 지원자를 한 사람 가지고 있어요. Andrea가 이 모임에 참석하는 중일 거예요. 그녀는 특별한 역할을 맡게 될 거예요.

writing WORK 04

QUESTIONing

질문 & 답변 문장 만들기

Wh- question 또는 일반의문문의 문장을 만들어 보세요. 그런 다음 그 질문에 답하는 문장을 써 보세요.

1

Q I **will meet** you at the lobby.

B 그게 몇 시쯤 될까요? `would • be`

Q 6시쯤 제 일이 끝나자 마자요. `right`

2

Q This **will make** you feel better.

B 너 그거 어디서 났니? `get`

Q 내 거야.

3

Q I **will be going** home by bus then.

B 왜 버스를 타려고 하는데? `take`

Q 왜냐하면 그게 바로 집 앞에 서거든. `in front of`

4

A Andrea **will be participating** in this activity.

B 그런데 Andrea가 누구니? `anyway`

A 곧 알게 될 거야. `see`

Second Hint

4
anyway 어쨌든, 그런데
soon 곧

writing WORK 05

PERFECT sentence

완벽한 문장 쓰기

'미래형과 미래진행형'을 사용하여 문법상 오류가 없는 완벽한 문장을 만들어 보세요.

1 will

2 will be -ing

Training 26

review & practice

review — 앞서 써 본 문장들을 확실히 기억하고 있는지 빈칸을 채워 문장을 완성해 보세요.

1 그는 찢어진 양말을 버렸어요.

He _____.

2 저는 제 도난당한 시계를 찾기를 원해요.

I _____.

3 출구 표시는 전등으로 대체되었어요.

The exit sign _____.

4 저는 한국 역사에 관심이 있어요.

I _____.

5 우리는 그의 실수에 매우 당황했어요.

We _____.

6 모두 그들의 자리에서 일어서고 있었어요.

Everyone _____.

7 그밖에 누가 그의 집에 가나요?

Who _____?

8 그들이 그들의 물건을 옮기고 있는 중이었어요.

They _____.

9 그녀는 어제 제게 이것을 사주었어요.

She _____.

Training 26

review

10 저는 그를 위해서 쿠키를 만들었어요.
I _____ .

11 그는 저에게 기본 기술을 가르쳐 주었어요.
He _____ .

12 당신이 저로 하여금 그것을 하도록 시켰잖아요.
You _____ .

13 저의 본능이 저로 하여금 달리게 하였어요.
My instinct _____ .

14 저는 먼저 그에게 전화를 해야 돼요.
I _____ .

15 저는 여기에 3년 동안 살고 있어요.
I _____ .

16 평소보다 더 더운 날씨가 (계속)되고 있어요.
It _____ .

17 전화 한 통이 당신의 인생을 바꿀 거예요.
One phone call _____ .

18 당신이 올 때쯤이면 우리는 식사하고 있는 중일 거예요.
We _____ .

review & practice

practice 앞에서 배운 문장 구조를 토대로 주어진 서술형 과제를 완성해 보세요.

서술하기 Description & Narration

Hotel pool making hair green

Chile - A couple are suing a five star resort after its swimming pool allegedly turned a woman's hair green. Carolina Carreno and Francisco Vargas were on their honeymoon at a top resort in Quinta Region, Chile.

Carolina's waist-length blonde hair turned green after she went for a swim on the first night, reports La Cuarta.

Francisco said: "Everything was perfect and we did smell something funny in the swimming pool but we could not anticipate what was coming.

"At first, when I saw the hair, I tried to say something funny to calm her down, but she was really angry.

"And now everyone is calling her the incredible hulk!"

출처: http://www.funnymos.com/hotel-pool-making-hair-green.html

A. 다음 기사를 읽고 질문에 답하세요.

1 Who are suing the hotel?

2 When did this happen?

3 Where did this happen?

4 What happened?

5 Why is the couple suing?

6 How does Carolina feel?

B. 육하원칙(who, when, where, what, why, how)의 순서를 따라서 기사를 다시 나열하여 단락(paragraph)을 만들어 보세요.

Quick Check
for review & practice

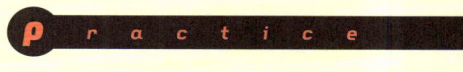

1. threw out the torn socks
2. want to retrieve my stolen watch
3. was replaced with a lamp
4. am very interested in Korean history
5. were very embarrassed by his mistake
6. was rising from their seats
7. else is going to his house
8. were moving their stuffs
9. bought this for me yesterday
10. made cookies for him
11. taught me a basic technique
12. had me do that
13. had me run
14. have to call him first
15. have lived here for three years
16. has been hotter than usual
17. will change your life
18. will be eating by the time you come.

practice

Sample Writing:

A.
1. Carolina Carreno and her groom, Francisco Vargas, are suing the hotel.
2. It happened on their honeymoon.
3. It happened at a top resort in Chile.
4. Carolina's blonde hair turned green after she swam in the resort's swimming pool.
5. Because they are very upset at the change in color of Carolina's hair.
6. She is very angry because everyone is calling her the incredible hulk!

B.
Carolina Carreno and her groom, Francisco Vargas, are suing the hotel. It happened on their honeymoon at a top resort in Chile. Carolina's blonde hair turned green after she swam in the resort's swimming pool. They are very upset at the change in color of Carolina's hair. She is very angry because everyone is calling her the incredible hulk!

명사 뒤에 문장 쓰기: 형용사절 1

이번 과에서는 명사 뒤에 '주어+동사'를 추가해 명사를 수식하는 형용사절을 만들어 문장 속에서 쓰기 훈련해 봅니다.

다음 문법 지식을 알아두면
문장을 만들 때 훨씬 쉽게 만들 수 있습니다.

TARGET GRAMMAR

명사 뒤에 '주어+동사(절)'을 붙여 '(주어)가 ~한'의 의미로 명사를 수식하는 형용사절을 만들 수 있다.

명사 – 주어 – 동사

Ex. the favor you asked 네가 요구한 그 부탁

01 writing WORK

SUBSTITUTION table

바꿔 쓰기

주어진 문장을 참고하여 단어를 바꿔서 새로운 문장을 만들어 보세요.

1

I heard the same strange sound you heard. 저는 당신이 들은 그 똑같은 이상한 소리를 들었어요.

도전 문장 ❶ 저는 당신이 듣지 못한 다른 소리를 들었어요. — different

....

도전 문장 ❷ 저는 당신이 만난 똑같은 사람(동일인)을 만났어요. — the same

....

2

That was a question I could give her an answer to right away. 그것은 제가 그녀에게 바로 답변을 줄 수 있는 질문이었어요.

도전 문장 ❶ 그것은 제가 바로 사용할 수 있는 티켓이었어요. — ticket

....

도전 문장 ❷ 이것은 당신이 바로 주문할 수 있는 새로운 모델이에요. — order

....

Second Hint

2
right away 바로, 즉시
ticket 티켓, 표, 입장권
order 주문하다

3

He is the one I told you about.

그가 바로 제가 당신에게 얘기한 사람이에요.

도전 문장 ❶ 그가 바로 제가 열쇠를 준 사람이에요. `key`

도전 문장 ❷ 그는 우리가 지금 신뢰하는 유일한 사람이에요. `the only • trust`

writing WORK

01

SUBSTITUTION table

Second Hint

3

trust 신뢰하다

writing WORK 02

ADD detail

살 붙여 쓰기

내용상 흐름이 자연스럽게 이어지도록 주어진 문장의 앞과 뒤에 문장을 추가해 짧은 문단을 만들어 보는 순서입니다.
주어진 단어를 순서에 맞게 배열하여 완성 문장을 만들어 보세요.

1

[steady] [was] [and] [the sound] [clear]   그 소리는 일정하고 또렷했어요.

I heard the same strange sound you heard.   저는 당신이 들은 그 똑같은 이상한 소리를 들었어요.

[know] [I] [came from] [don't] [where] [it]   그 소리가 어디서 난 건지 모르겠어요.

2

[me] [she] [easy] [an] [question] [gave]   그녀는 제게 쉬운 질문을 했어요.

That was a question I could give her an answer to right away.   그것은 제가 그녀에게 바로 답변을 줄 수 있는 질문이었어요.

[everything] [worked out] [after] [well] [that]   그 후, 모든 일이 잘 해결되었어요.

Second Hint

1
steady 일정한, 변함없는
clear 분명한, 또렷한

—

2
work out ~을 해결하다

writing WORK 02 — ADD detail

3

[I] [you] [picture] [for] [brought] [a]

널 위해 사진을 가져왔어.

He is the one I told you about. 그가 내가 네게 얘기한 바로 그 사람이야.

[at first] [believe] [I] [it] [didn't] [either]

나도 처음엔 그걸 안 믿었어.

Second Hint

3
at first 처음에는
either ~도 역시(부정문에서)

writing WORK 03

write AGAIN
다시 쓰기

앞서 만든 짧은 문단 전체를 이어서 다시 써 보세요.

1

그 소리는 일정하고 또렷했어요. 저는 당신이 들은 그 똑같은 이상한 소리를 들었어요. 그 소리가 어디서 난 건지 모르겠어요.

2

그녀는 제게 쉬운 질문을 했어요. 그것은 제가 그녀에게 바로 답변을 줄 수 있는 질문이었어요. 그 후, 모든 일이 잘 해결되었어요.

3

당신을 위해 사진을 가져왔어요. 그가 제가 당신에게 얘기한 바로 그 사람이에요. 저도 처음엔 그걸 안 믿었어요.

여기서 끝이 아니다!
Speed Writing Book에서 빨리 쓰기 훈련을 통해
완전히 내 것으로 소화시키세요.

writing WORK 04

QUESTIONing

질문 & 답변 문장 만들기

Wh- question 또는 일반의문문의 문장을 만들어 보세요. 그런 다음 그 질문에 답하는 문장을 써 보세요.

1

Q I heard **the same strange sound you heard**.

B 그게 무섭지 않았니?　　　`scary`

A 응, 너무 무서웠어.

2

Q That was **a question I could give her an answer to right away**.

B 그게 무엇에 관한 질문이었니?　　　`about`

A 지금은 말해 줄 수 없어.

3

Q He is **the one I told you about**.

B 그가 도움이 되었니?　　　`helpful`

A 응, 그가 내가 미리 준비할 수 있게 도와줬어.　　　`in advance`

Second Hint

1
scary 무서운

3
helpful 도움이 되는
prepare 준비하다
in advance 미리

writing WORK

05

PERFECT sentence

완벽한 문장 쓰기

'명사+who/which/that'을 사용하여 문법상 오류가 없는 완벽한 문장을 만들어 보세요.

1 the date which

2 a character that

3 a person who

4 Anyone who

5 some customers who

명사 뒤에 문장 쓰기: 형용사절 2

이번 과에서는 명사 뒤에서 명사를 수식하는 형용사절이 주어로 쓰이는 형태의 문장을 쓰기 훈련해 봅니다.

다음 문법 지식을 알아두면
문장을 만들 때 훨씬 쉽게 만들 수 있습니다.

TARGET GRAMMAR

명사 뒤에서 명사를 수식해주는 형용사절은 '명사+형용사절'의 형태로 문장의 주어로 쓰일 수 있다.

명사 – 주어 – 동사

Ex. **The place we went** was great. **우리가 갔던 그 장소**는 끝내줬어요.

writing WORK

SUBSTITUTION table
바꿔 쓰기

주어진 문장을 참고하여 단어를 바꿔서 새로운 문장을 만들어 보세요.

1

The problem I have is serious.
제가 가지고 있는 그 문제는 심각해요.

도전 문장 ❶ 그가 제게 준 책은 지루했어요. `boring`

도전 문장 ❷ 당신이 가지고 있는 그 답이 맞아요. `right`

2

The person I was calling in the middle of the night was Garry. 한밤중에 제가 전화한 사람은 Garry였어요.

도전 문장 ❶ 그 카페에서 제가 얘기하고 있었던 사람은 Ted였어요. `talking with`

도전 문장 ❷ 제가 낮에 만난 남자는 급하게 서두르고 있었어요. `in a hurry`

3

The museum I'm planning to visit is in Irvine
제가 방문하려고 계획 중인 박물관은 Irvine에 있어요.

도전 문장 ❶ 제가 휴가를 가려고 계획 중인 날은 8월 11일이에요. `leave • vacation`

도전 문장 ❷ 제가 연락하려고 계획 중인 사람은 Jason이에요. `contact`

Second Hint

1
serious 심각한
boring 지루한
—
2
in the middle of ~ 중에
in a hurry 서두르는, 급한
—
3
be planning to ~할 계획이다
leave 떠나다
contact 연락하다, 접촉하다

writing WORK 03
write AGAIN
다시 쓰기

앞서 만든 짧은 문단 전체를 이어서 다시 써 보세요.

1

이것이 그 문제들 중에 하나예요. 제가 가지고 있는 문제는 심각해요. 저는 그것을 더 이상 감출 수가 없어요.

2

그는 밤에 전화를 받지 않았어요. 한밤중에 제가 전화한 사람은 Garry였어요. 그는 제가 왜 늦게 전화했는지 궁금해 할 것임이 분명해요.

3

저는 내일 시간적인 여유가 좀 있어요. 제가 방문하려고 계획 중인 박물관은 Irvine에 있어요. 그게 가까이 있는데도 안 가봤거든요.

writing WORK 04

QUESTIONing

질문 & 답변 문장 만들기

Wh- question 또는 일반의문문의 문장을 만들어 보세요. 그런 다음 그 질문에 답하는 문장을 써 보세요.

1

A The problem **I have** is serious.

B 그게 그렇게 심각하니? `that`

A 아주 심각해. `very`

2

A The person **I was calling in the middle of the night** was Garry.

B 왜 전화했는데? `call`

A 급하게 도움이 필요했거든. `urgently`

3

A The museum **I'm planning to visit** is in Irvine.

B 너 진짜 박물관에 가는 걸 좋아하니? `really`

A 그거 말고 다른 거 뭘 할 수 있겠어? `what else`

Second Hint

3
urgently 긴급하게

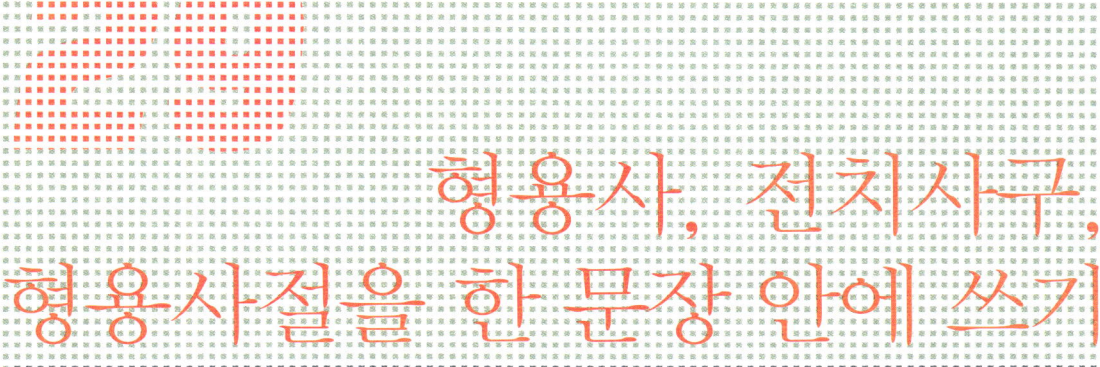

형용사, 전치사구, 형용사절을 한 문장 안에 쓰기

이번 과에서는 형용사, 전치사구, 형용사절을 한 문장 안에 써서 문장을 확장하는 쓰기 훈련을 해 봅니다.

다음 문법 지식을 알아두면
문장을 만들 때 훨씬 쉽게 만들 수 있습니다.

TARGET GRAMMAR

전치사구 '전치사+명사'의 형태로 동사나 명사를 수식하는 구

전치사 – 명사

Ex. The store **near my house** sells toys **during the promotion**.
집 근처에 있는 그 가게는 판매 홍보 기간 동안 장난감을 팔아요.

형용사절 명사 뒤에서 명사를 수식하는 절 (명사+형용사절)

명사 – 주어 – 동사

Ex. The big store **you told me about** sells new toys **children want** during the special promotion **they have**. 당신이 제게 얘기해 준 그 큰 가게는 그들이 하는 특별 판매 홍보 기간 동안 아이들이 원하는 새로운 장난감을 팔아요.

writing WORK

SUBSTITUTION table
바꿔 쓰기

주어진 문장을 참고하여 단어를 바꿔서 새로운 문장을 만들어 보세요.

1

I read the long text message you received from Miki. 저는 당신이 Miki로부터 받은 긴 문자 메시지를 읽었어요.

도전 문장 ❶ 저는 Ted에게서 빌린 그 책을 읽었어요. `borrowed`

도전 문장 ❷ 저는 제 삼촌에게서 받은 돈을 제 통장에 예치시켰어요. `deposited`

2

I think the famous store you are talking about is in Las Vegas. 제 생각에 당신이 말하는 그 유명한 가게는 Las Vegas에 있는 것 같아요.

도전 문장 ❶ 제 생각에 당신이 말하는 그 큰 가게가 E-Mart인 것 같아요. `talking about`

도전 문장 ❷ 제 생각에 관광객들이 방문하는 많은 가게들은 명동에 있는 것 같아요. `visit`

3

This is the important information you need to know for your next step. 이것은 다음 단계를 위해서 당신이 알고 있어야 할 중요한 정보예요.

도전 문장 ❶ 그는 당신의 프로젝트를 위해 당신이 만나야 할 첫 번째 사람이에요. `the first person • see`

도전 문장 ❷ 이것은 제 인생에서 가져 본 가장 행복한 순간이에요. `have had`

Second Hint

1
deposit 예치시키다

3
important 중요한
next step 다음 단계

writing WORK 02

ADD detail
살 붙여 쓰기

내용상 흐름이 자연스럽게 이어지도록 주어진 문장의 앞과 뒤에 문장을 추가해 짧은 문단을 만들어 보는 순서입니다.
주어진 단어를 순서에 맞게 배열하여 완성 문장을 만들어 보세요.

1

| were | didn't | I | seeing |
| know | somebody | you | |

저는 당신이 누군가를 만나고 있는 줄 몰랐어요.

I read the long text message you received from Miki.

저는 당신이 Miki에게서 받은 긴 문자 메시지를 읽었어요.

| a | and | couple | make |
| Miki | good | seem to | you |

Miki와 당신은 잘 어울리는 것 같아요.

2

| stores | big | three | there are |

세 개의 큰 가게가 있어요.

I think the famous store you are talking about is in Las Vegas.

제 생각에 당신이 말하는 그 유명한 가게는 Las Vegas에 있는 것 같아요.

| can | on | find | information |
| more | detailed | the Internet | you |

당신은 인터넷에서 더 자세한 정보를 찾을 수 있어요.

Second Hint

1
see (정기적으로) 만나다. 데이트하다

2
detailed 상세한, 세부적인

3

[and] [important] [not important] [what is]
[need to] [know] [what is] [you]

당신은 무엇이 중요하고 무엇이 중요하지 않은지 알 필요가 있어요.

This is the important information you need to know for your next step.

이것은 다음 단계를 위해서 당신이 알고 있어야 할 중요한 정보예요.

[information] [should] [this] [utilize] [you]

당신은 이 정보를 활용해야 돼요.

Second Hint

3
utilize 이용하다

write AGAIN

다시 쓰기

앞서 만든 짧은 문단 전체를 이어서 다시 써 보세요.

1

저는 당신이 누군가를 만나고 있는 줄 몰랐어요. 저는 당신이 Miki에게서 받은 긴 문자 메시지를 읽었어요. Miki와 당신은 잘 어울리는 것 같아요.

2

세 개의 큰 가게가 있어요. 제 생각에 당신이 말하는 그 유명한 가게는 Las Vegas에 있는 것 같아요. 당신은 인터넷에서 더 자세한 정보를 찾을 수 있어요.

3

당신은 무엇이 중요하고 무엇이 중요하지 않은지 알 필요가 있어요. 이것은 다음 단계를 위해서 당신이 알고 있어야 할 중요한 정보예요. 당신은 이 정보를 활용해야 돼요.

writing WORK

QUESTIONing

질문 & 답변 문장 만들기

Wh- question 또는 일반의문문의 문장을 만들어 보세요. 그런 다음 그 질문에 답하는 문장을 써 보세요.

1

A I read the **long text message you received from Miki.**

B 왜 내 전화 메시지를 훔쳐봤니?   `sneak into`

A 그냥 우연히 그것을 읽게 된 거야.   `happened to`

2

A I think the **famous store you are talking about is in Las Vegas.**

B 다시 방문할 수 있기를 희망해.   `wish • could`

A 그 가게에서 뭐 살 것이 있니?   `anything`

3

A This is the **important information you need to know for your next step.**

B 그거 어디서 얻었니?

A 본사에서.   `head office`

Second Hint

1
sneak into ~로 몰래 들어가다
happen to 계획하지 않고 ~하게 되다

3
head office 본사

writing WORK 05

PERFECT sentence

완벽한 문장 쓰기

'형용사, 전치사구, 형용사절'을 사용하여 문법상 오류가 없는 완벽한 문장을 만들어 보세요.

1 real / he / with

2 huge / they / on

3 instant / I / at

4 mysterious / they / in

5 artificial / you / in

Training **29** 형용사, 전치사구, 형용사절을 한 문장 안에 쓰기

Training 30

review 앞서 써 본 문장들을 확실히 기억하고 있는지 빈칸을 채워 문장을 완성해 보세요.

1 저는 당신이 듣지 못한 다른 소리를 들었어요.
I _____ .

2 저는 당신이 만난 똑같은 사람(동일인)을 만났어요.
I _____ .

3 그것은 제가 바로 사용할 수 있는 표였어요.
That _____ right away.

4 이것이 당신이 바로 주문할 수 있는 새로운 모델이에요.
This _____ right away.

5 그는 우리가 지금 신뢰하는 유일한 사람이에요.
He _____ .

6 그가 바로 제가 열쇠를 준 사람이에요.
He _____ .

7 그가 제게 준 책은 지루했어요.
The book _____ .

8 당신이 가지고 있는 그 답이 맞아요.
The answer _____ .

9 그 카페에서 제가 얘기하고 있었던 사람은 Ted였어요.
The person _____ .

review & practice

10 제가 낮에 만난 남자는 급하게 서두르고 있었어요.
The guy _____.

11 제가 휴가를 가려고 계획 중인 날은 8월 11일이에요.
The date _____.

12 제가 연락하려고 계획 중인 사람은 Jason이에요.
The man _____.

13 저는 Ted에게 빌린 그 책을 읽었어요.
I _____.

14 저는 제 삼촌에게서 받은 돈을 제 통장에 예치시켰어요.
I _____ in my account.

15 제 생각에 당신이 말하는 그 큰 가게가 E-Mart인 것 같아요.
I think _____.

16 제 생각에 관광객들이 방문하는 많은 가게들은 명동에 있는 것 같아요.
I think _____.

17 그는 당신의 프로젝트를 위해서 당신이 만나야 할 첫 번째 사람이에요.
He _____.

18 이것은 제 인생에서 가져 본 가장 행복한 순간이에요.
This _____.

Training 30

Practice — 앞에서 배운 문장 구조를 토대로 주어진 서술형 과제를 완성해 보세요.

서술하기 Description & Narration

다음의 날씨 정보를 보고 영어로 오늘의 지역별 일기예보를 써 보세요.

TODAY		
인천	⛅	33℃
독도	☁️	31℃
문경	⛅	31℃
서울	🌦️	28℃
부산	⛈️	32℃
서해	☔	23℃

1. heard a different sound you didn't hear
2. met the same person you met
3. was a ticket I could use
4. is a new model you could order
5. is the only person we trust now
6. is the one I gave the key to
7. he gave me was boring
8. you have is right
9. I was talking with at the café was Ted
10. I met in the middle of the day was in a hurry
11. I'm planning to leave for my vacation is August 11th
12. I'm planning to contact is Jason
13. read the book I borrowed from Ted
14. deposited the money I received from my uncle
15. the big store you are talking about is E-Mart
16. the many stores tourists visit are in Myungdong
17. is the first person you need to see for your project
18. is the happiest moment I have had in my life

Sample Writing:

Today's weather across Korea will continue to be very hot with a chance of rain in a few places. Incheon will be the hottest with a high of 33 degrees Celsius and partly cloudy skies. Dokdo and Moonkyung will be at 31 degrees. The skies over Dokdo will be cloudy, and only partly cloudy over Moonkyung. Seoul will be cooler than other areas with a chance of rain. Busan will experience rainstorms with thunder and lightning. Temperatures will be coolest over the rainy West Sea, at a high of 23 degrees.

Training 01 — 주어 + 동사

writing WORK

1. It helps.
   It works.
2. I watch TV from seven to eight.
   She waited until 2.
3. You look good in white.
   It looks all right to me.

writing WORK 2

1. The scar became smaller and smaller.
   It shrank.
   Now, it is gone.
2. We study from Monday to Friday.
   We study from 9 a.m. to 6 p.m.
   We rest on weekends.
3. He said 'hi' to me.
   He looks happy.
   I think everything is going well.

writing WORK 3

1. The scar became smaller and smaller. It shrank. Now, it is gone.
2. We study from Monday to Friday. We study from 9 a.m. to 6 p.m. We rest on weekends.
3. He said 'hi' to me. He looks happy. I think everything is going well.

writing WORK

1. B: Why did it shrink?
   A: I put it in hot water.
2. B: What do you study?
   A: Mostly English writing.
3. B: Why do you think so?
   A: He smiled brightly and said 'hi' to me.

writing WORK 5

SAMPLE Perfect Sentences

1. The train **pulls** the cars.
   He cannot **pull** the heavy box.
2. Engineers plan; workers **build**.
   Let's **build** a sand castle.
3. The guard **stands** at the gate.
   The statue **stands** alone.
4. Three legs **support** the camera.
   Stone walls **support** the ceiling.
5. The bottle **contains** ice tea.
   This bag **contains** my personal items.

Training 02 — 주어+be동사+형용사/명사

writing WORK

1. She is calm.
   They were active.
2. The book is interesting.
   You were right then.
3. This place is really big.
   Their idea is really creative.

writing WORK

1. He is never at home.
   He is outgoing.
   He likes to meet people.
2. It was dangerous.
   You are safe now.
   You stay here for a while.
3. The price is going down.
   This item was really expensive.
   It was very popular.

writing WORK 3

1. He is never at home. He is outgoing. He likes to meet people.
2. It was dangerous. You are safe now. You stay here for a while.
3. The price is going down. This item was really expensive. It was very popular.

writing WORK

1. B: Why do you think so?
   A: He goes camping every week.
2. B: When should I check it again?
   A: Check it tomorrow.
3. B: Is it cheap now?
   A: Yes, they give a discount.

writing WORK

SAMPLE Perfect Sentences

1. We **are** happy at the beach.
   They **are** on the shelf.
2. He **is** not happy about the delay.
   It **is** not expensive.
3. He **was** just here.
   It **was** a sunny day.
4. They **were** soldiers once.
   We **were** in the front row.
5. What will you **be** when you grow up?
   We will **be** in Hawaii soon.

Training 03

'전치사+명사'의 사용

writing WORK 1

1. I go to the park by bicycle.
   He goes to school on foot.

2. My friend left a memo for me.
   My parents took it from me.

3. I do exercise early in the morning.
   I ate cookies late at night.

writing WORK 2

1. My school is far from here.
   I go to school by bus.
   It takes 15 minutes.

2. What is it?
   Your friend left this for you.
   I wonder what it is.

3. We are tired.
   We woke up early in the morning.
   We took a bus at 5 a.m.

writing WORK 3

1. My school is far from here. I go to school by bus. It takes 15 minutes.

2. What is it? Your friend left this for you. I wonder what it is.

3. We are tired because we woke up early in the morning. We took a bus at 5 a.m.

writing WORK 4

1. B: Where is your school?
   A: It is in Balboa city.

2. B: Really? When was it?
   A: It was an hour ago.

3. B: What time was it?
   A: It was 4 a.m.

writing WORK 5

SAMPLE Perfect Sentences

1. Please get **to the point**.
   I like him because he gets **to the point** quickly.

2. I'll wait for you **at the corner**.
   The store is located **at the corner** of Pine Street and 2nd Avenue.

3. Jake greeted us **in a warm mood**.
   He treated everyone **in a warm mood**.

4. He was so nervous he barely made it **through his speech**.
   He touched people **through his speech**.

5. **For your safety**, please remain in your seats.
   Stay away from the edge **for your safety**.

Training 04

'전치사+명사' 여러 개 써서 문장 늘리기

writing WORK 1

1. I played basketball with my friends during the break.
   We played a game in the classroom before class.

2. I commute one and a half hours to work by bus.
   They work in the office for five hours from 12 p.m. on Saturday.

3. She borrowed the book for free to do her homework at home.
   She sold the book for ten dollars to buy another book at the bookstore.

writing WORK 2

1. I didn't go home directly.
   I played soccer after school with my friends.
   We were in the schoolyard until four o'clock.

2. I live close to my school.
   Some students commute two hours to school by subway.
   It must be difficult for them to come to class.

3. She didn't have much time.
   She bought the book for twenty dollars to do her homework by tomorrow.
   She needed to use the pictures in the book.

writing WORK 3

1. I didn't go home directly. I played soccer after school with my friends. We were in the schoolyard until four o'clock.

2. I live close to my school. Some students commute two hours to school by subway. It must be difficult for them to come to class.

3. She didn't have much time. She bought the book for twenty dollars to do her homework by tomorrow. She needed to use the pictures in the book.

writing WORK 4

1. B: Do you like soccer?
   A: I love it.

2. B: How about you?
   A: I live near my school.

3. B: Is tomorrow the deadline?
   A: Yes, she said the deadline is tomorrow.

writing WORK 5

SAMPLE Perfect Sentences

1. Please put your final papers **in** the box **by** Friday.
   My mother wants us to be **in** the house **by** 8 p.m.

2. You shouldn't hang **around** the school **with** those boys.
   He ran **around** the field **with** a flag.

3. It's not hard to find the way **from** the bus stop **to** my house.
   He worked hard **from** morning **to** night every day.

4. He hid **behind** the truck **for** the entire playtime.
   You should remain **behind** the fence **for** safety reasons.

5. The kids were told to stay **after** school **because of** the sudden snow storm.
   There was a short announcement **after** the movie **because of** the actor's presence.

Training 05 — to부정사의 부사적 용법

writing WORK

1. He turned off his laptop to hide some pictures from us.
   He turned on all the lights to show us his living room.
2. She came home late not to do some errands.
   I left home early to be on time.
3. I'm trying to make a bank account to double my money.
   I'm trying to make a bank account to increase my earnings.

writing WORK 2

1. He brought his laptop to the meeting.
   He turned on his laptop to show us some pictures.
   The pictures were a great help to understand his method.
2. I gave my word to her.
   I came home early to keep my promise.
   But she wasn't there.
3. I don't want to spend all my money at once.
   I'm trying to make a bank account to save some money.
   I need to set a plan not to waste money.

writing WORK 3

1. He brought his laptop to the meeting. He turned on his laptop to show us some pictures. The pictures were a great help to understand his method.
2. I gave my word to her. I came home early to keep my promise. But she wasn't there.
3. I don't want to spend all my money at once. I'm trying to make a bank account to save some money. I need to set a plan not to waste money.

writing WORK

1. B: What were the pictures about?
   A: They were about our summer camp.
2. B: What was the promise?
   A: To go together to exchange shoes.
3. B: Did you save money?
   A: I saved some.

writing WORK 5

SAMPLE Perfect Sentences

1. She ordered several sewing supplies **in order to mend** the torn sheets.
   The leaders called for a summit **in order to mend** relations between the two countries.
2. He joined a health club **in order to exercise**.
   She bought a yoga mat **in order to exercise**.
3. I need your passport **in order to scan** it into the computer.
   The product has to have a bar code **in order to scan** it into the register.
4. Doctors are working feverishly **in order to cure** cancer.
   Take this medicine **in order to cure** your infection.
5. He sent an email to his professor **in order to extend** the deadline.
   The workers made the handle longer **in order to extend** its reach.

Training 07

There is/are의 사용

writing WORK 1

1. There was no one there by that name.
   There are ten names here on the list.
2. There is nothing wrong with me.
   There is something good in the box.
3. There is nothing to fear.
   There are things to consider.
4. There is no place like my hometown.
   There is one person like you.

writing WORK 2

1. I know everyone around here.
   There is no one here by that name.
   I know a person with a similar name.
2. I have itchy eyes in the morning.
   There is something wrong with my eyes.
   I think I rubbed my eyes too much.
3. We have an advantage over them.
   There is nothing to lose.
   We will just wait for the result patiently.
4. I traveled in many places.
   There is no place like home.
   You will see it when you travel.

writing WORK 3

1. I know everyone around here. There is no one here by that name. But I know a person with a similar name.
2. I have itchy eyes in the morning. There is something wrong with my eyes. I think I rubbed my eyes too much.
3. We have an advantage over them. There is nothing to lose. We will just wait for the result patiently.
4. I traveled in many places. There is no place like home. You will see it when you travel.

writing WORK 4

1. B: Do you have another name list?
   A: No, this is all I have.
2. B: Do you have some dirt in your eyes?
   A: Yes. It hurts.
3. B: Are you sure?
   A: I am so sure about it.
4. B: I agree. Who(m) do you live with?
   A: I live with my brothers and sisters.

writing WORK 5

SAMPLE Perfect Sentences

1. **There is** a lot of work to do.
   There is a great Italian restaurant near my house.
2. **There are** two reasons why I agree with you.
   There are three chairs in the room.
3. **There was** a funny looking man sitting over there.
   There was a black car outside my house this morning.
4. **There were** three cookies in my lunch box just ten minutes ago!
   There were many people in the swimming pool.
5. **There is** a clock on the wall.
   There is a lot of pollution in the city.

Answers　　　　　　　　　　　　　　　　　　　　　　　　　　　p. 60

Training 08

빈도수 높은 형용사의 사용

writing WORK

1. I have never seen such a beautiful sunset before.
   I have never received such a good score before.

2. We want to make a long-term contract with you.
   He needs to get official permission from you.

3. The change in people's fashion is noticeable.
   The kinds of people's style are various.

writing WORK

1. I really enjoyed this food.
   I have never eaten such delicious food before.
   I am full now.

2. I talked with him a minute ago.
   He wants to have a private talk with you.
   He is waiting for you upstairs.

3. The trend is different from last year.
   The change in people's taste is visible.
   The color blue is in fashion this year.

writing WORK

1. I really enjoyed this food. I have never eaten such delicious food before. I am full now.

2. I talked with him a minute ago. He wants to have a private talk with you. He is waiting for you upstairs.

3. The trend is different from last year. The change in people's taste is visible. The color blue is in fashion this year.

writing WORK

1. B: Do you want to come here again?
   A: Yes. Let's do that.

2. B: What is the matter?
   A: I don't know, either.

3. B: How has it changed?
   A: It changed from complexity to simplicity.

writing WORK

SAMPLE Perfect Sentences

1. The inside of the room was very **luxurious**.
   She leads a **luxurious** lifestyle.

2. It is **crucial** that he completes the work on time.
   She played a **crucial** role in the success of the project.

3. This watch keeps **precise** time.
   You should always try to be **precise** in your writing.

4. The subway system in Seoul is very **extensive**.
   To write well, you should have an **extensive** knowledge of grammar.

5. He did not survive in the wilderness because he could not find **edible** plants.
   For goats, almost anything is **edible**.

Training 09 — to부정사의 형용사적 용법

writing WORK 1

1. I want hints to solve this problem.
   I have something to talk with you.

2. Seoul is a good place to travel.
   This is the perfect place to study.

3. There is sometimes a second chance to apply for again.
   There are always new people to meet.

writing WORK 2

1. I can't decide by myself.
   I need time to think about it.
   This is something to think twice about.

2. We are living in Seoul.
   Seoul is the perfect place to live.
   We both like the busy streets and city lights of downtown.

3. This is not the end for you.
   There is always a chance to try again.
   Fortune knocks three times at everyone's door.

writing WORK 3

1. I can't decide by myself. I need time to think about it. This is something to think twice about.

2. We are living in Seoul. Seoul is the perfect place to live. We both like the busy streets and city lights of downtown.

3. This is not the end for you. There is always a chance to try again. Fortune knocks three times at everyone's door.

writing WORK 4

1. B: Is it something important?
   A: To me, it is.

2. B: What part of Seoul do you live in?
   A: I live in the center of Seoul.

3. B: Are you going to try again?
   A: Of course, I will.

writing WORK 5

SAMPLE Perfect Sentences

1. Let's find **a place to** eat lunch.
   I just want **a place to** call my own.

2. It shouldn't be **an issue to** change the venue.
   It's hard for him to find **an issue to** be passionate about.

3. It's **a chance to** get what I want.
   It's **a chance to** see something new.

4. Women in the US fought for **the freedom to** vote in the early 1900's.
   Having money gives me **the freedom to** live where I want to.

5. I just need **a moment to** think.
   Please take **a moment to** compose yourself.

Training 10

-thing 뒤에 수식어구 붙이기

writing WORK 1

1. He often tells me something funny.
   He always shows me something interesting.
2. Do you have anything similar?
   Do you see anything good?
3. There was something special during the holidays.
   There was nothing wrong during the meeting.

writing WORK 2

1. I kind of like him.
   He always tells me something good.
   He is a very positive person.
2. I need gloves.
   Do you have anything smaller?
   My hands are small.
3. I didn't do anything.
   There was nothing special during the weekend.
   I just stayed at home.

writing WORK 3

1. I kind of like him. He always tells me something good. He is a very positive person.
2. I need gloves. Do you have anything smaller? My hands are small.
3. I didn't do anything. There was nothing special during the weekend. I just stayed at home.

writing WORK 4

1. B: What did he tell you this time?
   A: He said I look younger.
2. B: How about this?
   A: It looks great to me.
3. B: Didn't you go anywhere?
   A: No. I just stayed at home.

writing WORK 5

SAMPLE Perfect Sentences

1. **Something powerful** is coming this way.
   His speech woke **something powerful** in the audience.
2. Just buy **anything inexpensive**.
   This store doesn't sell **anything inexpensive**.
3. There was **nothing bad** about the trip.
   Despite our expectations, he did **nothing bad** all day.
4. There is **something puzzling** about his behavior.
   Is there **something puzzling** to you about this case?
5. I can't find **anything unique** in this shopping mall.
   For her birthday, get her **anything unique**.

Training 11 -ly가 붙는 부사

writing WORK 1

1. I usually fall in love easily.
   I fell on the floor heavily.

2. Could you walk more slowly?
   Could you write more neatly?

3. She nearly said to him yesterday.
   It nearly landed on my head yesterday.

writing WORK 2

1. I go to bed at 10.
   I usually fall asleep easily.
   I sleep like a log.

2. I can't follow.
   Could you speak more slowly?
   I can understand better if you speak slowly.

3. You should not play on the stairs.
   You nearly fell down the stairs yesterday.
   You could have been badly hurt.

writing WORK 3

1. I go to bed at 10. I usually fall asleep easily. I sleep like a log.

2. I can't follow. Could you speak more slowly? I can understand better if you speak slowly.

3. You should not play on the stairs. You nearly fell down the stairs yesterday. You could have been badly hurt.

writing WORK 4

1. B: What time do you go to bed?
   A: I try to go to bed before 11.

2. B: Am I talking too fast?
   A: Just a little bit slowly, please.

3. B: Were you hurt?
   A: No, just a scratch.

writing WORK 5
SAMPLE Perfect Sentences

1. The aliens were far superior to us **technologically**.
   The **technologically** advanced Europeans easily defeated the Aztecs.

2. The plants are growing **steadily**.
   The company is earning money **steadily**.

3. The women served tea **traditionally**.
   These people have **traditionally** hunted in this area.

4. I **vaguely** remember meeting him.
   The message was written **vaguely**.

5. We weren't **adequately** prepared for the weather.
   He studied **adequately** for the test.

Training 12 **Review&Practice** 정답 p. 90

Answers

Training 13 — 빈도부사

writing WORK 1

1. He always makes me comfortable.
   It usually makes us busy.
2. I sometimes help my parents with house chores.
   I frequently change the password of my account.
3. He usually answers my email within a day.
   He often checks the attendance before work.

writing WORK 2

1. He is so funny.
   He always makes me laugh.
   He likes a joke.
2. My grandfather lives in the countryside.
   I sometimes visit my grandfather with my parents.
   I like his place.
3. You need to leave a message.
   He usually doesn't answer his phone after work.
   He will call you tomorrow.

writing WORK 3

1. He is so funny. He always makes me laugh. He likes a joke.
2. My grandfather lives in the countryside. I sometimes visit my grandfather with my parents. I like his place.
3. You need to leave a message. He usually doesn't answer his phone after work. He will call you tomorrow.

writing WORK 4

1. B: I know. He is always fun.
   A: When are you going to see him again?
2. B: Where does he live?
   A: He lives in Gwangju.
3. B: He must want to take a rest.
   A: When was the last time you talked to him?

writing WORK 5

SAMPLE Perfect Sentences

1. I **always** brush my teeth after meals.
   The bell **always** rings at noon.
2. I **occasionally** call him to see how he's doing.
   The police **occasionally** patrol our neighborhood.
3. I **rarely** eat sweets at night.
   Cars **rarely** come down this road.
4. She **hardly ever** admits her mistakes.
   The boss is **hardly ever** in his office.
5. He **never** gives money to the poor.
   She **never** turns on the light over the front door.

Training 14 — 과거분사 -ed

writing WORK

1. You should read the recommended books.
   You should understand the italicized words.
2. Now, I need to review the corrected sentences.
   Now, I want to clean the stained jeans.
3. This is a westernized lifestyle.
   These are rearranged seats.

writing WORK

1. You have a test tomorrow.
   You should memorize the listed words.
   Here is the list.
2. I collected a lot of data.
   Now, I need to organize the collected data.
   It will take time.
3. It is unique.
   This is a customized design.
   It is worth it for me.

writing WORK

1. You have a test tomorrow. You should memorize the listed words. Here is the list.
2. I collected a lot of data. Now, I need to organize the collected data. It will take time.
3. It is unique. This is a customized design. It is worth it for me.

writing WORK

1. B: How many words?
   A: At least two hundred.
2. B: Is it difficult for you?
   A: No, it is a piece of cake.
3. B: It must be expensive.
   A: It is also rare.

writing WORK

SAMPLE Perfect Sentences

1. The **restored** building sold quickly.
   That **restored** painting was his latest project.
2. The **stunned** audience gasped when the magician made the entire building disappear.
   The **stunned** goalkeeper couldn't catch the ball.
3. The **modified** plans were approved yesterday.
   I will sign the **modified** contract.
4. The **transferred** money arrived this morning.
   The boss greeted the **transferred** employees in a breakfast meeting.
5. He lost the **carved** toy horse in the backyard.
   He used a **carved** wooden stick as a cane.

Answers p. 103

과거분사+전치사구

writing WORK 1

1. I saw them displayed on the table.
   I received the package wrapped in vinyl.
2. Did you see the car parked on the corner?
   Did you taste the mushroom soup cooked for you?
3. The spot reserved for us is in the center.
   The time reserved for you was until two.

writing WORK 2

1. I made up my mind.
   I like the item displayed in the window.
   Can you show it to me?
2. I sent an email to you.
   Did you look at the file attached with my email?
   I need feedback from you.
3. Please follow me.
   The seat reserved for you is by the window.
   Please let me know if you need anything.

writing WORK 3

1. I made up my mind. I like the item displayed in the window. Can you show it to me?
2. I sent an email to you. Did you look at the file attached with my email? I need feedback from you.
3. Please follow me. The seat reserved for you is by the window. Please let me know if you need anything.

writing WORK 4

1. B: Which one?
   A: That one over there.
2. B: Yes, I did.
   A: So, what do you think?
3. B: You mean the one over there?
   A: Yes, please take a seat.

writing WORK 5

SAMPLE Perfect Sentences

1. He **interpreted for** foreign visitors.
   Jane Lynne **interpreted for** her boss during the trip to China.
2. Snails are **considered as** a delicacy in France.
   The message was **considered as** an acceptance of his proposal.
3. He was **supported by** 80 percent of the voters.
   The bridge was **supported by** concrete pillars.
4. Population size is **limited within** several geographical factors.
   The fire was **limited within** the kitchen.
5. The patient was **examined with** the latest medical technology.
   The artifacts were sent to a museum to be **examined with** care.

Answers   p. 110

Training 16   현재분사 -ing

writing WORK 1

1. You should not step on this shaking floor.
   Passengers should not stand in the driving bus.

2. This interesting movie is easy to understand.
   This boring movie is complicated to follow.

3. I just want to enjoy the exciting moment.
   I just hope to see the rising sun.

writing WORK 2

1. This moving walkway is long.
   Children should not run on the moving walkway.
   Parents should watch over them.

2. I watched this movie.
   This confusing movie is hard to understand.
   You should watch it and explain it to me.

3. I am walking out of the room.
   I just want to avoid an embarrassing moment.
   You would do the same thing.

writing WORK 3

1. This moving walkway is long. Children should not run on the moving walkway. Parents should watch over them.

2. I watched this movie. This confusing movie is hard to understand. You should watch it and explain it to me.

3. I am walking out of the room. I just want to avoid an embarrassing moment. You would do the same thing.

writing WORK 4

1. B: But, they are always running. Isn't it difficult to follow them around?
   A: You can say that again.

2. B: What is the title of the movie?
   A: Inception.

3. B: Just relax.
   A: How do I relax in this situation?

writing WORK 5

SAMPLE Perfect Sentences

1. Mr. Brown's **continuing** lecture bored the students.
   It will help our **continuing** investigation into the matter.

2. The **spreading** disease is scaring people in the region.
   We study the **spreading** power of the Internet.

3. I gave her an **approving** smile.
   The magician performed before an **approving** audience.

4. The **interfering** mosquito was finally swatted to death.
   The **interfering** footsteps from the apartment above were gone.

5. The **satisfying** experience left her pleasantly tired.
   She served a **satisfying** meal of eggs, baked salmon and toasted bagels.

Training 17 — 현재분사+전치사구

writing WORK

1. Take a shuttle bus arriving at two.
   Take a coin sitting on the table.
2. My younger brother sleeping on the sofa fell.
   People waiting at the intersection saw it.
3. The book teaching writing skills to teachers and students became a bestseller.
   The picture telling about the destruction of nature became the picture of this year.

writing WORK

1. You should hurry up.
   Take an express train departing at two.
   You will not be late.
2. Have you seen this?
   My older brother working at the store brought this.
   I hope that I could buy one.
3. Did you read the article?
   The article talking about a boy and his loyal dog impressed many people.
   You should find and read it on the Internet.

writing WORK

1. You should hurry up. Take an express train departing at two. You will not be late.
2. Have you seen this? My older brother working at the store brought this. I hope that I could buy one.
3. Did you read the article? The article talking about a boy and his loyal dog impressed many people. You should find and read it on the Internet.

writing WORK

1. B: How much is it for a round-trip ticket?
   A: It is about 25 dollars.
2. B: What is it?
   A: It is a new tool set.
3. B: I read it, too.
   A: Did you like it?

writing WORK

SAMPLE Perfect Sentences

1. **Beginning at** noon tomorrow, all employees must wear ID badges.
   We will watch the movie **beginning at** 7 a.m.
2. The insect **emerging from** the cocoon will become a butterfly one day.
   There are several complications **emerging from** our foreign investments.
3. Just **dreaming about** it makes Tom excited.
   They were **dreaming about** setting up a school in the region.
4. **Diving into** a river without knowing its depth is stupid.
   The boy **diving into** the swimming pool is my brother.
5. His popularity is **enduring despite** his early death.
   We are **enduring despite** the cold and hunger.

Training 18 Review&Practice 정답 p. 127

Training 19

불규칙동사의 과거분사 -en

writing WORK 1

1. He hid the broken glass.
   He threw out the torn socks.

2. They will be here with a written notification.
   I will be there for my lost watch.

3. I want to retrieve my stolen watch.
   They want to meet the well-known author.

writing WORK 2

1. He had a secret.
   He revealed the hidden secret.
   The secret shocked many people.

2. I am waiting for my dessert.
   My favorite dessert is strawberry frozen yogurt.
   I am going to have it with my cousin.

3. I forgot my password again.
   I want to retrieve my forgotten password.
   The password starts with the letter K.

writing WORK  3

1. He had a secret. He revealed the hidden secret. The secret shocked many people.

2. I am waiting for my dessert. My favorite dessert is strawberry frozen yogurt. I am going to have it with my cousin.

3. I forgot my password again. I want to retrieve my forgotten password. The password starts with the letter K.

writing WORK 4

1. B: Why?
   A: Because he wanted to stop living a secret life.

2. B: But it's not on the menu.
   A: Then, what else should we order?

3. B: What is the first letter?
   A: Gosh! I can't even remember that.

writing WORK 5

SAMPLE Perfect Sentences

1. He died as an **unknown** artist.
   Lincoln's letters remained **unknown** until someone cleaned out an old attic.

2. The **written** word is more powerful than the spoken one.
   You must give me a **written** excuse that explains your absence.

3. They consider themselves as the **chosen** people.
   Architecture was his **chosen** profession.

4. His favorite item of clothing was **worn** blue jeans.
   I still keep my old, **worn** T-shirt in my closet.

5. **Frozen** shrimp is not as tasty as fresh shrimp.
   Frozen fingers and noses are typical in winter.

Training 20 — 수동태

writing WORK 1

1. The exit sign was replaced with a lamp.
   The traffic sign is broken after the typhoon.
2. I am very interested in Korean history.
   We were very embarrassed by his mistake.
3. The rumor was spread immediately.
   The condition was improved gradually.

writing WORK 2

1. You need to know where the exit is.
   The exit sign is placed above the door.
   Just follow this hall.
2. We listened to the news on the radio.
   We were very shocked by the news.
   We didn't know what was going to happen.
3. There was an accident.
   It was taken care of immediately.
   It is cleared up now.

writing WORK 3

1. You need to know where the exit is. The exit sign is placed above the door. Just follow this hall.
2. We listened to the news on the radio. We were very shocked by the news. We didn't know what was going to happen.
3. There was an accident. It was taken care of immediately. It is cleared up now.

writing WORK 4

1. B: Which door are you talking about?
   A: The one in front of you.
2. B: The news literally surprised everyone.
   A: Yes, it was not expected.
3. B: Was everything all right after that?
   A: A few problems, but they were minor.

writing WORK 5

SAMPLE Perfect Sentences

1. The proposed policy **is advocated**.
   It **is advocated** that the price be reduced.
2. The manufacturing capacity of the factory **was expanded** last year.
   The Roman Empire **was expanded** mainly through military conquests.
3. The word **is pronounced** differently among the students.
   It should **be pronounced** the way we pronounce it.
4. The suspects **were recognized** by an off-duty cop.
   It **was recognized** as a trick by the reviewer.
5. Economic growth in the West **was stimulated** by the war.
   They **were stimulated** by the news that they won the game.

Training 21

현재진행형과 과거진행형

writing WORK

1. People were waiting in line.
   Everyone was rising from their seats.

2. What else is missing besides these three?
   Who else is going to his house?

3. They were moving their stuffs.
   I was moving my arms up and down.

4. I am trying to be calm.
   I was trying to stretch out my legs.

writing WORK 2

1. It was raining.
   People were waiting at the crossroad.
   It was a busy street.

2. Are you coming now?
   Who else is coming besides you three?
   How many people would that be in total?

3. They were moving out.
   They were moving the couch.
   The couch looked so heavy.

4. He needed help.
   I was trying to help.
   He thanked me for helping him.

writing WORK

1. It was raining. People were waiting at the crossroad. It was a busy street.

2. Are you coming now? Who else is coming besides you three? How many people would that be in total?

3. They were moving out. They were moving the couch. The couch looked so heavy.

4. He needed help. I was trying to help. He thanked me for helping him.

writing WORK

1. B: Was the traffic signal broken?
   A: Yes, it looked like that.

2. B: Jeremy is coming.
   A: Who told Jeremy?

3. B: Are they moving out?
   A: Maybe.

4. B: Whom were you trying to help?
   A: Kathy studying for an exam.

writing WORK

SAMPLE Perfect Sentences

1. The company **is dealing with** the buyers from Gabon.
   The social worker **is dealing with** the living conditions in the area.

2. We **are passing** his house now.
   The trucks **are passing** close by the parked car.

3. Before you arrived, he **was demonstrating** how to fix the copy machine.
   The man **was demonstrating** by himself against the government policy.

4. Many companies **were speculating** in the market.
   Banks **were speculating** with their clients' money.

5. He **was** unconsciously **chewing** his sandwich.
   She **was chewing** gum, so she didn't want to eat anything.

Answers　　　　　　　　　　　　　　　　p. 150

Training 22　　　수여동사

writing WORK 1

1. She bought this for me yesterday.
   I made cookies for him.
2. He lent me some money.
   He taught me a basic technique.
3. I told nothing to her.
   I gave two hints to him.

writing WORK 2

1. I read the text message.
   She sent the text message to David last night.
   It was about their next meeting.
2. He remembered my birthday.
   He gave me a present.
   The present was exactly what I wanted.
3. Today is a special day.
   I made a cake for her.
   I hope she will like it.

writing WORK 3

1. I read the text message. She sent the text message to David last night. It was about their next meeting.
2. He remembered my birthday. He gave me a present. The present was exactly what I wanted.
3. Today is a special day. I made a cake for her. I hope she will like it.

writing WORK 4

1. B: Did you see what the message was about?
   A: No, I didn't have a chance.
2. B: For what?
   A: He gave me a present for my birthday.
3. B: Did she like it?
   A: Very much.

writing WORK 5

SAMPLE Perfect Sentences

1. He **gave** me a hard time yesterday.
   She **gave** him an expensive watch.
2. She **made** a chocolate cake for his birthday.
   Jane **made** her sisters some cookies.
3. He **showed** me the company accounts.
   She **showed** me how to use Photoshop.
4. I'm sure you **sent** me the email.
   We **sent** him the order sheet.
5. Let's **write** him a card.
   He **writes** us beautiful poetry.

Training 23

have를 써야 하는 네 가지 경우

writing WORK

1. I have to call him first.
   I have to check the date.

2. You have friends to talk to.
   You have a place to stay.

3. You had me do that.
   My instinct had me run.

4. You have just told me that.
   I have just done it.

writing WORK

1. I have a lot of homework.
   I have to do my homework first.
   And then, I will play a computer game.

2. You need to fill up your schedule.
   You have options to choose from.
   You have to choose wisely.

3. I had no choice but to shout.
   The situation made me act like that.
   I don't want to do that again.

4. Don't pretend not to know.
   You have just said that.
   I have clearly heard it.

writing WORK

1. I have a lot of homework. I have to do my homework first. And then, I will play a computer game.

2. You need to fill up your schedule. You have options to choose from. You have to choose wisely.

3. I had no choice but to shout. The situation made me act like that. I don't want to do that again.

4. Don't pretend not to know. You have just said that. I have clearly heard it.

writing WORK

1. B: What are you going to do after that?
   A: I will go out and play.

2. B: How many options?
   A: Three options.

3. B: Were you the only one?
   A: No, there were other people.

4. B: What have I said?
   A: You have said that you have feelings for her.
   B: It slipped out of my mouth.

writing WORK
SAMPLE Perfect Sentences

1. Before watching TV, he **has to** finish his homework.
   She **has to** buy a new computer because her old one was broken.

2. You **had** a lot of work to do yesterday.
   I **had** a lot of assignment to do last week.

3. I **had the trainee** do his work.
   The boss **had the trainee** clean the storeroom.

4. The teachers **have said** this over and over again.
   They **have said** they will do it soon.

5. What do you **have to** do tonight?
   I **have to** pick up some groceries on my way home from work.

Training 24 — 현재완료형

writing WORK

1. It has gone.
   I have lived here for three years.
2. It has been hotter than usual.
   She has supported us for many years.
3. I have already finished my meal.
   He has already sat in the front row.

writing WORK

1. I know what to do there.
   I have been there before.
   That is my favorite place.
2. People are sensitive about it.
   It has been a controversial issue for many years.
   It will be the same for a while.
3. He started it early.
   He has already finished his paper.
   He will enjoy his free time.

writing WORK

1. I know what to do there. I have been there before. That is my favorite place.
2. People are sensitive about it. It has been a controversial issue for many years. It will be the same for a while.
3. He started it early. He has already finished his paper. He will enjoy his free time.

writing WORK

1. B: How did you like it?
   A: Oh! It was great.
2. B: Is there any way to solve it?
   A: As far as I know, there is no particular solution.
3. B: I envy him.
   A: When are you going to finish it?

writing WORK

SAMPLE Perfect Sentences

1. After five years working here, I feel that I **have learned** a lot.
   We **have learned** so much about each other during the past week.
2. The storm **has threatened** residents all along the coast.
   He **has threatened** the company with a lawsuit.
3. I **have realized** that my family is the most important to me.
   They **have realized** that they were going in the opposite direction.
4. The detective **has inquired** about his alibi on the evening of the 26th.
   She **has inquired** about the schedule several times already.
5. The scientists **have encountered** signs of an unknown species in the Amazon.
   We **have encountered** several setbacks with the construction project.

Training 25 — 미래형과 미래진행형

writing WORK 1

1. Fred will do the rest for us.
   There will be a make-up test.

2. The arrow sign will guide you to the room.
   One phone call will change your life.

3. We will be eating by the time you come.
   By the time we arrive, they will be sleeping.

4. They will be sitting in a good spot.
   I will be waiting for your reply next week.

writing WORK 2

1. I will leave my office soon.
   I will meet you at the lobby.
   Then, we can go to a quiet place to talk.

2. This is the one you are looking for.
   This will make you feel better.
   You can return it to me later.

3. I cannot be home by four.
   I will be going home by bus then.
   I will be home around five.

4. We have a new volunteer for this activity.
   Andrea will be participating in this activity.
   She will be taking a special part.

writing WORK 3

1. I will leave my office soon. I will meet you at the lobby. Then, we can go to a quiet place to talk.

2. This is the one you are looking for. This will make you feel better. You can return it to me later.

3. I cannot be home by four. I will be going home by bus then. I will be home around five.

4. We have a new volunteer for this activity. Andrea will be participating in this activity. She will be taking a special part.

writing WORK 4

1. B: What time would that be?
   A: Right after I finish my work around 6.

2. B: Where did you get it?
   A: It is mine.

3. B: Why are you going to take a bus?
   A: Because it stops right in front of my house.

4. B: Who is Andrea anyway?
   A: You will see soon.

writing WORK 5

SAMPLE Perfect Sentences

1. I **will** do my best on the next test.
   There **will** be refreshments at the meeting.
   This train **will** take you to Busan.
   A catastrophic event **will** occur in the next hundred years.
   There **will** be snow tomorrow afternoon.
   The bike **will** slide on the ice.

2. We **will be** ly**ing** on the beach in two days.
   I **will be** leav**ing** with them by then.
   He **will be** wait**ing** for you outside the movie theater.
   We **will be** celebrat**ing** another victory this weekend.

Training 26 Review&Practice 정답 p. 186

Training 27 — 명사 뒤에 문장 쓰기: 형용사절 1

writing WORK

1. I heard a different sound you didn't hear.
   I met the same person you met.
2. That was a ticket I could use right away.
   This is a new model you could order right away.
3. He is the one I gave the key to.
   He is the only person we trust now.

writing WORK

1. The sound was steady and clear.
   I heard the same strange sound you heard.
   I don't know where it came from.
2. She gave me an easy question.
   That was a question I could give her an answer to right away.
   After that, everything worked out well.
3. I brought a picture for you.
   He is the one I told you about.
   I didn't believe it at first, either.

writing WORK

1. The sound was steady and clear. I heard the same strange sound you heard. I don't know where it came from.
2. She gave me an easy question. That was a question I could give her an answer to right away. After that, everything worked out well.
3. I brought a picture for you. He is the one I told you about. I didn't believe it at first, either.

writing WORK

1. B: Wasn't it scary?
   A: Yes, it was very scary.
2. B: What was the question about?
   A: I cannot tell you now.
3. B: Was he helpful?
   A: Yes, he helped me prepare in advance.

writing WORK

SAMPLE Perfect Sentences

1. December 4, 1941, is **the date which** Japan attacked Pearl Harbor.
   Next week on Tuesday is **the date which** we will celebrate our 5th anniversary.
2. He played **a character that** saved his nation.
   Jimmy played **a character that** was evil, but one the audience could sympathize with.
3. Jane is **a person who** always does the right thing.
   He is **a person who** would give you help.
4. **Anyone who** doubts him doesn't really know him.
   Anyone who comes closer is going to get hurt.
5. He had a problem with **some customers who** were being loud.
   There are always **some customers who** like to complain.

Training 28

명사 뒤에 문장 쓰기: 형용사절 2

writing WORK

1. The book he gave me was boring.
   The answer you have is right.

2. The person I was talking with at the café was Ted.
   The guy I met in the middle of the day was in a hurry.

3. The date I'm planning to leave for my vacation is August 11th.
   The man I'm planning to contact is Jason.

writing WORK

1. This is one of the problems.
   The problem I have is serious.
   I can't hide it anymore.

2. He didn't answer the phone at night.
   The person I was calling in the middle of the night was Garry.
   He must be wondering why I was calling late.

3. I have some time to spare tomorrow.
   The museum I'm planning to visit is in Irvine.
   It is near, but I have not been there.

writing WORK

1. This is one of the problems. The problem I have is serious. I can't hide it anymore.

2. He didn't answer the phone at night. The person I was calling in the middle of the night was Garry. He must be wondering why I was calling late.

3. I have some time to spare tomorrow. The museum I'm planning to visit is in Irvine. It is near, but I have not been there.

writing WORK

1. B: Is it that serious?
   A: It is very serious.

2. B: Why did you call?
   A: I needed help urgently.

3. B: Do you really like going to museums?
   A: What else could we do?

writing WORK

SAMPLE Perfect Sentences

1. This is **the reward I** received this year.
   I would like to show you **the reward I** have received.

2. **The three types we** discussed were Type A, Type B and Type C.
   The committee did not have a chance to review **the three types we** proposed.

3. I will always remember **the time we** spent together.
   Do you remember **the time we** went skydiving?

4. He met **the competitor he** had to fight for the final.
   The competitor he most admired was Mohammed Ali.

5. That was **the comment they** didn't like.
   The comment they received from a professor was used to make better books.

Answers p. 201

Training 29 — 형용사, 전치사구, 형용사절을 한 문장 안에 쓰기

writing WORK 1

1. I read the book I borrowed from Ted.
   I deposited the money I received from my uncle in my account.
2. I think the big store you are talking about is E-Mart.
   I think many stores tourists visit are in Myungdong.
3. He is the first person you need to see for your project.
   This is the happiest moment I have had in my life.

writing WORK 2

1. I didn't know you were seeing somebody.
   I read the long text message you received from Miki.
   Miki and you seem to make a good couple.
2. There are three big stores.
   I think the famous store you are talking about is in Las Vegas.
   You can find more detailed information on the Internet.
3. You need to know what is important and what is not important.
   This is the important information you need to know for your next step.
   You should utilize this information.

writing WORK 3

1. I didn't know you were seeing somebody. I read the long text message you received from Miki. Miki and you seem to make a good couple.
2. There are three big stores. I think the famous store you are talking about is in Las Vegas. You can find more detailed information on the Internet.
3. You need to know what is important and what is not important. This is the important information you need to know for your next step. You should utilize this information.

writing WORK 4

1. B: Why did you sneak into my phone messages?
   A: I just happened to read it.
2. B: I wish I could visit there again.
   A: Do you have anything to buy in the store?
3. B: Where did you get it?
   A: From the head office.

writing WORK 5

SAMPLE Perfect Sentences

1. The **real** problem **he** had was his relationship **with** Kelly.
   The **real** story **he** wrote **with** an old typewriter was never published.
2. The **huge** animal **they** rode **on** was an elephant.
   The **huge** mistake **they** made **on** Monday caused a cancellation of the contract.
3. My favorite **instant** food I have **at** home is ramen.
   The **instant** success I had **at** the Olympic Games became big news.
4. The **mysterious** animal **they** found was living **in** the cave.
   The **mysterious** diary **they** received was **in** the box.
5. The **artificial** flowers **you** have **in** your room look real.
   Inside the **artificial** rainforest, **you** can see a hidden camera **in** a fake tree.

Training 30 Review&Practice 정답 p. 211

함께 학습하면 훈련 효과가 배!

EBS 명강사 한일 선생의 문장 확장 방식을 도입한 쓰기 훈련북

〈영어 라이팅 훈련 실천 다이어리〉는 '구슬이 서말이라도 꿰어야 보배'라는 말이 있듯이 영어로 글쓰기를 잘하기 위해서는 문법과 어휘만 알고 있어서는 안 되며 매일매일 밥 먹듯이 쓰기 훈련을 해야 한다는 믿음으로 만들어진 본격 영어 라이팅 훈련서입니다.

문장 확장 방식(Expansion Mode)을 도입한 쓰기 훈련서로, 매일 조금씩 써 나가다 보면 자연스럽게 영어 문장 구조에 대한 이해가 넓어지고 문장이 쭈욱 쭉 길어지는 경험을 하게 될 것입니다.

한 문장 한 문장이 모여 어느새 한 문단이 되고 곧 서술형 시험 및 TOEFL, TEPS, IELTS 등 어떤 Writing 시험에도 자신감이 붙게 될 것입니다.

문장 확장 방식의 **영어 라이팅 훈련** 실천 다이어리 시리즈

1 Story Writing 30일편
한일 지음
4×6배판 변형 | 392쪽
18,000원(MP3 무료 다운로드)

2 E-mail Writing 30일편
한일 지음
4×6배판 변형 | 448쪽
19,800원(MP3 무료 다운로드)

3 Essay Writing 40일편
한일 지음
4×6배판 변형 | 560쪽
22,800원(MP3 무료 다운로드)

스피드 라이팅 트레이닝

앞서 쓰기 훈련한 짧은 문단들을 빠른 속도로 다시 써 보세요.
여러 장 복사해서 여러 번 쓰기 훈련하는 데 활용해 보세요!

빨리 쓰기 훈련

본 교재에서 훈련한 5-step 쓰기 훈련을 통해 익힌 문장들을 이번에는 제시된 제한 시간 내에 집중해서 빨리 써보는 훈련을 해 봅시다. 앞에서 써 본 문장들을 최대한 완벽하게 빨리 쓰도록 노력해 봅시다. 틀리게 쓰거나 제한 시간 내에 다 못 쓰는 경우, '정확성'과 '신속성' 두 마리의 토끼를 잡을 수 있을 때까지 더욱 열심히 쓰기 훈련하세요!

스피드 라이팅북 활용법

각 Training의 Writing Work 3 다시 쓰기를 한 후, 스피드 라이팅을 연습할 수 있습니다.

복습용으로 활용하는 경우
- 하나의 Training이 끝날 때마다 스피드 라이팅북으로 와서 빨리 쓰기 훈련을 한 후, 다음 Training의 학습으로 넘어갑니다.
- 경우에 따라 본 교재를 모두 학습한 후, 스피드 라이팅북에서 한 과씩 복습하면서 다시 쓰기 훈련할 수 있습니다.

테스트용으로 활용하는 경우
- 하나의 sheet를 여러 장 복사하여 여러 회 반복해서 빨리 쓰기 훈련을 할 수 있습니다. 처음에는 주어진 시간 내에 문장들을 모두 완벽하게 써내기가 어렵겠지만 여러 번 도전하다 보면 가능해집니다.
- 매번 쓰는 데 걸린 시간을 적으면서 시간을 조금씩 단축하여 제한 시간에 맞추도록 노력해 보세요!
- 최종적으로 문장 체득률을 테스트하는 단계로 활용할 수 있습니다.

주어+동사

A 앞서 만든 짧은 문단 전체를 주어진 시간 내에 다시 써 보세요.

제한 시간 1분 50초

1 그 흉터가 점차 작아졌어요. 그것이 줄어들었어요. 지금은 그것이 사라지고 없어요.

2 우리는 월요일부터 금요일까지 공부해요. 우리는 오전 9시부터 오후 6시까지 공부하고요. 주말에는 쉬어요.

3 그가 저에게 '안녕'이라고 인사했어요. 그는 행복해 보여요. 모든 일이 다 잘 되나 봐요.

Training 01
주어+동사

B 앞서 만든 대화문을 주어진 시간 내에 다시 써 보세요.
제한 시간 1분 10초

1
- **A** It shrank.
- **B** 그게 왜 줄어들었는데?

- **A** 내가 그것을 뜨거운 물에 넣어놨거든.

2
- **A** We study from 9 a.m. to 6 p.m.
- **B** 무엇을 공부하는데?

- **A** 대부분이 영어로 글쓰기예요.

3
- **A** He looks happy.
- **B** 왜 그렇게 생각하는데?

- **A** 그가 내게 밝게 웃으면서 '안녕'이라고 인사했거든.

주어+동사

정답 문장을 네이티브의 음성으로 들으면서 외워 보세요.

1 The scar became smaller and smaller. It shrank. Now, it is gone.

2 We study from Monday to Friday. We study from 9 a.m. to 6 p.m. We rest on weekends.

3 He said 'hi' to me. He looks happy. I think everything is going well.

1 Q It shrank.
B Why did it shrink?
Q I put it in hot water.

2 Q We study from 9 a.m. to 6 p.m.
B What do you study?
Q Mostly English writing.

3 Q He looks happy.
B Why do you think so?
Q He smiled brightly and said 'hi' to me.

주어+be동사+형용사/명사

A 앞서 만든 짧은 문단 전체를 주어진 시간 내에 다시 써 보세요.

🔥 제한 시간 **1분 50초**

1 그는 집에 붙어 있지를 않아요. 그는 외향적이에요. 그는 사람들을 만나는 것을 좋아해요.

2 그것은 위험했어요. 당신은 이제 안전해요. 여기에 당분간 머물러 있도록 해요.

3 가격이 내려가고 있는 중이에요. 이 물건은 정말 비쌌거든요. 그것은 매우 인기가 좋았어요.

 앞서 만든 대화문을 주어진 시간 내에 다시 써 보세요.

제한 시간 1분 10초

1
A: He is outgoing
B: 왜 그렇게 생각해?

A: 그는 매주 캠핑을 가거든.

2
A: You are safe now.
B: 내가 언제 그것을 다시 확인해 봐야 하지?

A: 내일 확인해 봐.

3
A: This item was really expensive.
B: 그거 지금은 좀 싸니?

A: 응, 할인을 해 줬거든.

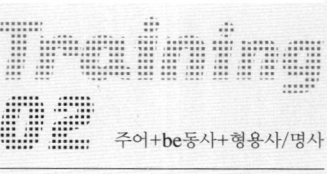

주어+be동사+형용사/명사

정답 문장을 네이티브의 음성으로 들으면서 외워 보세요.

1 He is never at home. He is outgoing. He likes to meet people.

2 It was dangerous. You are safe now. You stay here for a while.

3 The price is going down. This item was really expensive. It was very popular.

1
Q He is outgoing.
B Why do you think so?
Q He goes camping every week.

2
Q You are safe now.
B When should I check it again?
Q Check it tomorrow.

3
Q This item was really expensive.
B Is it cheap now?
Q Yes, they give a discount.

전치사+명사의 사용

A 앞서 만든 짧은 문단 전체를 주어진 시간 내에 다시 써 보세요.

제한 시간 1분 50초

1 저희 학교는 여기에서 멀어요. 저는 버스로 학교에 가요. 15분 걸리거든요.

2 그게 뭐예요? 당신 친구가 당신한테 이걸 남겼어요. 그게 뭔지 궁금해요.

3 우리는 피곤해요. 아침에 일찍 일어났거든요. 우리는 새벽 5시에 버스를 탔어요.

전치사+명사의 사용

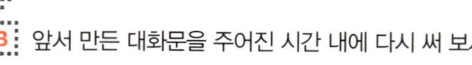 앞서 만든 대화문을 주어진 시간 내에 다시 써 보세요.

제한 시간 1분 10초

1
- A: I go to school by bus.
- B: 너희 학교가 어디에 있는데?

- A: 발보아 시에 있어.

2
- A: Your friend left this for you.
- B: 정말? 그게 언제였지?

- A: 한 시간 전이었어.

3
- A: We woke up early in the morning.
- B: 그게 몇 시였는데?

- A: 새벽 4시.

전치사+명사의 사용

정답 문장을 네이티브의 음성으로 들으면서 외워 보세요.

1. My school is far from here. I go to school by bus. It takes 15 minutes.

2. What is it? Your friend left this for you. I wonder what it is.

3. We are tired because we woke up early in the morning. We took a bus at 5 a.m.

1. Q I go to school by bus.
   B Where is your school?
   Q It is in Balboa city.

2. Q Your friend left this for you.
   B Really? When was it?
   Q It was an hour ago.

3. Q We woke up early in the morning.
   B What time was it?
   Q It was 4 a.m.

Training 04

전치사+명사 여러 개 써서 문장 늘리기

A 앞서 만든 짧은 문단 전체를 주어진 시간 내에 다시 써 보세요.

🔥 제한 시간 2분 30초

1 저는 집으로 바로 가지 않았어요. 저는 방과 후에 친구와 축구를 했어요. 우리는 학교 운동장에 4시까지 있었어요.

2 저는 저의 학교에서 가까운 곳에 살아요. 일부 학생들은 지하철로 두 시간 동안 통학해요. 수업에 오는 것이 그들에게는 틀림없이 힘들 거예요.

3 그녀는 시간이 많지 않았어요. 그녀는 내일까지 그녀의 숙제를 하기 위해 20달러에 그 책을 샀어요. 그 책에 있는 그림들을 써야 했거든요.

전치사+명사
여러 개 써서 문장 늘리기

B 앞서 만든 대화문을 주어진 시간 내에 다시 써 보세요.

제한 시간 1분 10초

1
- Q: I played soccer after school with my friends.
- B: 너 축구 좋아하니?

- Q: 엄청 좋아하지.

2
- Q: Some students commute two hours to school by subway.
- B: 너는 어때?

- A: 나는 학교 근처에 살아.

3
- Q: She bought the book for twenty dollars to do her homework by tomorrow.
- B: 내일이 기한이니?

- Q: 응, 그녀가 말하길 내일이 기한이래.

전치사+명사
여러 개 써서 문장 늘리기

정답 문장을 네이티브의 음성으로 들으면서 외워 보세요.

A
▶ MP3 04_A

1 I didn't go home directly. I played soccer after school with my friends. We were in the schoolyard until four o'clock.

2 I live close to my school. Some students commute two hours to school by subway. It must be difficult for them to come to class.

3 She didn't have much time. She bought the book for twenty dollars to do her homework by tomorrow. She needed to use the pictures in the book.

B
▶ MP3 04_B

1
Q I played soccer after school with my friends.
B Do you like soccer?
Q I love it.

2
Q Some students commute two hours to school by subway.
B How about you?
Q I live near my school.

3
Q She bought the book for twenty dollars to do her homework by tomorrow.
B Is tomorrow the deadline?
Q Yes, she said the deadline is tomorrow.

Training 05 — to부정사의 부사적 용법

A 앞서 만든 짧은 문단 전체를 주어진 시간 내에 다시 써 보세요.

🔥 제한 시간 2분 50초

1 그는 그의 노트북을 회의에 가지고 왔어요. 그는 우리에게 사진을 몇 장 보여주기 위해 그의 노트북을 켰어요. 그 사진들은 그의 방법을 이해하는 데 큰 도움이 되었어요.

2 저는 그녀에게 약속을 했어요. 저는 약속을 지키기 위해 집에 일찍 왔어요. 그러나 그녀는 거기에 없었어요.

3 저는 저의 돈을 한꺼번에 모두 쓰고 싶지 않아요. 저는 돈을 좀 모으기 위해 통장을 만들려고 하는 중이에요. 저는 돈을 낭비하지 않기 위해 계획을 세울 필요가 있어요.

to부정사의 부사적 용법

B 앞서 만든 대화문을 주어진 시간 내에 다시 써 보세요.

제한 시간 1분 20초

1
- **A** He turned on his laptop to show us some pictures.
- **B** 그 사진들이 무엇에 관한 것이었니?

- **A** 그것들은 우리 여름 캠프와 관련된 것이었어.

2
- **A** I came home early to keep my promise.
- **B** 약속이 뭐였는데?

- **A** 같이 신발을 교환하러 가는 거.

3
- **A** I'm trying to find ways to save some money.
- **B** 돈을 좀 모았니?

- **A** 좀 모았어.

to부정사의 부사적 용법

정답 문장을 네이티브의 음성으로 들으면서 외워 보세요.

1 He brought his laptop to the meeting. He turned on his laptop to show us some pictures. The pictures were a great help to understand his method.

2 I gave my word to her. I came home early to keep my promise. But she wasn't there.

3 I don't want to spend all my money at once. I'm trying to make a bank account to save some money. I need to set a plan not to waste money.

1 Q He turned on his laptop to show us some pictures.
   Q What were the pictures about?
   Q They were about our summer camp.

2 Q I came home early to keep my promise.
   Q What was the promise?
   Q To go together to exchange shoes.

3 Q I'm trying to find ways to save some money.
   Q Did you save money?
   Q I saved some.

Training 07

There is/are의 사용

A 앞서 만든 짧은 문단 전체를 주어진 시간 내에 다시 써 보세요.

제한 시간 2분 50초

1 여기 주변에 있는 모든 사람들을 알아요. 여기 그런 이름을 가진 사람은 없어요. 하지만 비슷한 이름의 한 사람을 알아요.

2 저는 아침에 눈이 가려워요. 제 눈이 뭔가 잘못되었나 봐요. 제 생각에 제가 눈을 너무 많이 문질렀나 봐요.

3 우리는 그들에 비해 유리한 점을 가지고 있어요. 잃을 게 하나도 없어요. 우리는 그냥 인내심 있게 결과를 기다리기만 하면 돼요.

4 저는 많은 곳을 여행했어요. 집 만한 곳이 없어요. 당신은 여행을 하면 그것을 알게 될 거예요.

Training 07
There is/are의 사용

 앞서 만든 대화문을 주어진 시간 내에 다시 써 보세요.

제한 시간 1분 40초

1
- Ⓐ There is no one here by that name.
- Ⓑ 다른 이름 리스트를 가지고 있나요?

- Ⓐ 아니요, 이것이 제가 가진 전부예요.

2
- Ⓐ There is something wrong with my eyes.
- Ⓑ 너 눈에 먼지 들어갔니?

- Ⓐ 응. 아파.

3

Q There is nothing to lose.
B 확실하니?

Q 그것에 관해 아주 확신해.

4

Q There is no place like home.
B 동의해. 너는 누구와 함께 살고 있니?

Q 나는 나의 형제자매들과 함께 살고 있어.

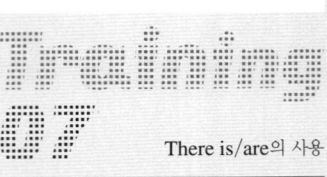

There is/are의 사용

정답 문장을 네이티브의 음성으로 들으면서 외워 보세요.

1 I know everyone around here. There is no one here by that name. But I know a person with a similar name.

2 I have itchy eyes in the morning. There is something wrong with my eyes. I think I rubbed my eyes too much.

3 We have an advantage over them. There is nothing to lose. We will just wait for the result patiently.

4 I traveled in many places. I think there is no place like home. You will see it when you travel.

🔊 MP3 07_B

1
- Ⓐ There is no one here by that name.
- Ⓑ Do you have another name list?
- Ⓐ No, this is all I have.

2
- Ⓐ There is something wrong with my eyes.
- Ⓑ Do you have some dirt in your eyes?
- Ⓐ Yes. It hurts.

3
- Ⓐ There is nothing to lose.
- Ⓑ Are you sure?
- Ⓐ I am so sure about it.

4
- Ⓐ There is no place like home.
- Ⓑ I agree. Who(m) do you live with?
- Ⓐ I live with my brothers and sisters.

Training 08
빈도수 높은 형용사의 사용

A 앞서 만든 짧은 문단 전체를 주어진 시간 내에 다시 써 보세요.

제한 시간 **2분 30초**

1 저는 정말로 이 음식을 즐겼어요. 저는 전에는 그렇게 맛있는 음식을 먹어본 적이 없어요. 이제 배가 불러요.

2 저는 방금 전에 그와 얘기를 했어요. 그는 당신과 개인적으로 대화하기를 원해요. 그는 2층에서 당신을 기다리고 있는 중이에요.

3 그 동향이 작년과는 달라요. 사람들의 취향의 변화가 눈에 띄어요. 올해는 파란색이 유행이에요.

 앞서 만든 대화문을 주어진 시간 내에 다시 써 보세요.

제한 시간 1분 20초

1

A: I have never eaten such delicious food before.
B: 너 여기 다시 오기를 원하니?

_____

A: 응. 그러자.

_____

2

A: He wants to have a private talk with you.
B: 무슨 일인데?

_____

A: 나도 몰라.

_____

3

A: The change in people's taste is visible.
B: 그게 어떻게 바뀌었는데?

_____

A: 그것은 복잡한 것에서 간단한 것으로 바뀌었어.

_____

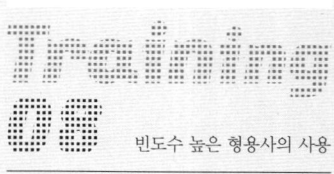

빈도수 높은 형용사의 사용

정답 문장을 네이티브의 음성으로 들으면서 외워 보세요.

MP3 08_A

1 I really enjoyed this food. I have never eaten such delicious food before. I am full now.

2 I talked with him a minute ago. He wants to have a private talk with you. He is waiting for you upstairs.

3 The trend is different from last year. The change in people's taste is visible. The color blue is in fashion this year.

MP3 08_B

1 Q I have never eaten such delicious food before.
B Do you want to come here again?
Q Yes. Let's do that.

2 Q He wants to have a private talk with you.
B What is the matter?
Q I don't know, either.

3 Q The change in people's taste is visible.
B How has it changed?
Q It changed from complexity to simplicity.

to부정사의 형용사적 용법

A 앞서 만든 짧은 문단 전체를 주어진 시간 내에 다시 써 보세요.

제한 시간 2분 30초

1 저는 혼자서 결정할 수가 없어요. 저는 그것에 대해 생각할 시간이 필요해요. 이것은 두 번 생각해봐야 하는 일이에요.

2 우리는 서울에 살고 있어요. 서울은 살기에 완벽한 도시예요. 우리는 둘 다 바쁜 거리와 시내의 도시 불빛을 좋아해요.

3 이것이 당신한테 끝이 아니에요. 다시 시도할 수 있는 기회는 항상 있는 법이에요. 행운은 누구에게나 세 번 찾아온다잖아요.

to부정사의 형용사적 용법

B 앞서 만든 대화문을 주어진 시간 내에 다시 써 보세요.

제한 시간 1분 20초

1

Q I need somebody to talk about it with.
B 그게 뭔가 중요한 거니?

A 나에게는 그래.

2

Q Seoul is the perfect place to live.
B 너는 서울의 어느 지역에 사니?

A 나는 서울 중심부에 살아.

3

Q There is always a chance to try again.
B 너 다시 시도할 거니?

A 물론 그래야지.

to부정사의 형용사적 용법

정답 문장을 네이티브의 음성으로 들으면서 외워 보세요.

1 I can't decide by myself. I need time to think about it. This is something to think twice about.

2 We are living in Seoul. Seoul is the perfect place to live. We both like the busy streets and city lights of downtown.

3 This is not the end for you. There is always a chance to try again. Fortune knocks three times at everyone's door.

1
- Ⓐ I need somebody to talk about it with.
- Ⓑ Is it something important?
- Ⓐ To me, it is.

2
- Ⓐ Seoul is the perfect place to live.
- Ⓑ What part of Seoul do you live in?
- Ⓐ I live in the center of Seoul.

3
- Ⓐ There is always a chance to try again.
- Ⓑ Are you going to try again?
- Ⓐ Of course, I will.

-thing 뒤에
수식어구 붙이기

A 앞서 만든 짧은 문단 전체를 주어진 시간 내에 다시 써 보세요.

제한 시간 2분 20초

1 저는 그를 좋아하는 편이에요. 그는 항상 제게 좋은 것을 말해 주거든요. 그는 매우 긍정적인 사람이에요.

2 저는 장갑이 필요해요. 좀 더 작은 것도 있나요? 제 손이 작거든요.

3 저는 아무것도 안 했어요. 주말 동안 특별한 일이 하나도 없었거든요. 저는 그냥 집에 머물러 있었어요.

-thing 뒤에 수식어구 붙이기

B 앞서 만든 대화문을 주어진 시간 내에 다시 써 보세요.

제한 시간 1분 20초

1
- **Q** He always tells me something good.
- **B** 그가 이번에는 무엇을 말해줬는데?

- **A** 그는 내가 어려 보인대.

2
- **Q** Do you have anything smaller?
- **B** 이거 어때요?

- **Q** 그거 저에게 좋아 보이네요.

3
- **Q** There was nothing special during the weekend.
- **B** 아무데도 안 갔니?

- **Q** 아니. 난 그냥 집에 있었어.

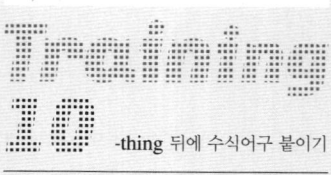

-thing 뒤에 수식어구 붙이기

정답 문장을 네이티브의 음성으로 들으면서 외워 보세요.

▶ MP3 10_A

1 I kind of like him. He always tells me something good. He is a very positive person.

2 I need gloves. Do you have anything smaller? My hands are small.

3 I didn't do anything. There was nothing special during the weekend. I just stayed at home.

▶ MP3 10_B

1
- Q He always tells me something good.
- B What did he tell you this time?
- Q He said I look younger.

2
- Q Do you have anything smaller?
- B How about this?
- Q It looks great to me.

3
- Q There was nothing special during the weekend.
- B Didn't you go anywhere?
- Q No. I just stayed at home.

-ly가 붙는 부사

A 앞서 만든 짧은 문단 전체를 주어진 시간 내에 다시 써 보세요.

🔥 제한 시간 2분 20초

1 저는 10시에 자러 가요. 저는 주로 쉽게 잠이 들어요. 저는 세상 모르고 자요.

2 저는 (당신의 말을) 따라갈 수가 없어요. 좀 더 천천히 말씀해 주시겠어요? 만일 당신이 천천히 말씀해 주시면 저는 더 잘 이해할 수 있겠어요.

3 당신은 계단에서 장난쳐서는 안 돼요. 어제 계단에서 거의 넘어질 뻔 했잖아요. 당신은 크게 다칠 뻔한 거예요.

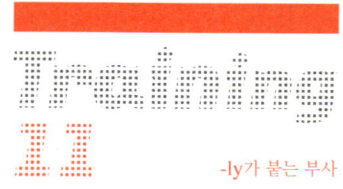

-ly가 붙는 부사

앞서 만든 대화문을 주어진 시간 내에 다시 써 보세요.

제한 시간 1분 20초

1
- A I usually fall asleep easily.
- B 너는 몇 시에 잠자리에 드니?

- A 나는 11시 전에 자려고 노력해.

2
- A Could you speak more slowly?
- B 제가 너무 빨리 말하고 있나요?

- A 단지 조금만 천천히 부탁해요.

3
- A I nearly fell down the stairs yesterday.
- B 너 다쳤니?

- A 아니, 그냥 좀 긁혔어.

-ly가 붙는 부사

정답 문장을 네이티브의 음성으로 들으면서 외워 보세요.

MP3 11_A

1 I go to bed at 10. I usually fall asleep easily. I sleep like a log.

2 I can't follow. Could you speak more slowly? I can understand better if you speak slowly.

3 You should not play on the stairs. You nearly fell down the stairs yesterday. You could have been badly hurt.

MP3 11_B

1 Q I usually fall asleep easily.
B What time do you go to bed?
Q I try to go to bed before 11.

2 Q Could you speak more slowly?
B Am I talking too fast?
Q Just a little bit slowly, please.

3 Q I nearly fell down the stairs yesterday.
B Were you hurt?
Q No, just a scratch.

Training 13

빈도부사

A 앞서 만든 짧은 문단 전체를 주어진 시간 내에 다시 써 보세요.

제한 시간 2분 20초

1 그는 정말 재미있어요. 그는 항상 저를 웃게 만들어요. 그는 농담을 좋아해요.

2 저희 할아버지는 시골에 사세요. 저는 가끔 저희 부모님과 함께 할아버지를 방문해요. 저는 할아버지께서 사시는 곳이 좋아요.

3 당신은 메시지를 남길 필요가 있어요. 그는 보통 퇴근 후에는 전화를 안 받아요. 그가 내일 당신에게 전화할 거예요.

빈도부사

 앞서 만든 대화문을 주어진 시간 내에 다시 써 보세요.

제한 시간 1분 20초

1
- A: He always makes me laugh.
- B: 나는 그가 항상 재미있다는 것을 알아.

- A: 너는 언제 그를 다시 만날 거니?

2
- A: I sometimes visit my grandfather with my parents.
- B: 할아버지가 어디에 사시는데?

- A: 할아버지는 광주에 사셔.

3
- A: He usually doesn't answer his phone after work.
- B: 그는 쉬고 싶은 것임에 틀림없어.

- A: 그와 마지막으로 얘기한 게 언제였니?

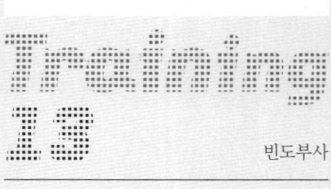

빈도부사

정답 문장을 네이티브의 음성으로 들으면서 외워 보세요.

MP3 **13_A**

1 He is so funny. He always makes me laugh. He likes a joke.

2 My grandfather lives in the countryside. I sometimes visit my grandfather with my parents. I like his place.

3 You need to leave a message. He usually doesn't answer his phone after work. He will call you tomorrow.

MP3 **13_B**

1 Q He always makes me laugh.
Q I know. He is always fun.
Q When are you going to see him again?

2 Q I sometimes visit my grandfather with my parents.
Q Where does he live?
Q He lives in Gwangju.

3 Q He usually doesn't answer his phone after work.
Q He must want to take a rest.
Q When was the last time you talked to him?

과거분사 -ed

A. 앞서 만든 짧은 문단 전체를 주어진 시간 내에 다시 써 보세요.

제한 시간 2분 20초

1 당신은 내일 시험이 있잖아요. 당신은 그 열거된 단어들을 외워야 돼요. 여기에 목록이 있어요.

2 저는 많은 데이터를 수집했어요. 이제 저는 그 수집된 데이터를 정리할 필요가 있어요. 그게 시간이 걸리겠지요.

3 그것은 독특해요. 이것은 맞춤 디자인입니다. 그것은 저에게 가치가 있어요.

과거분사 -ed

앞서 만든 대화문을 주어진 시간 내에 다시 써 보세요.

제한 시간 1분 20초

1
- A You should memorize the listed words.
- B 몇 개의 단어나?

- A 최소한 200개.

2
- A Now, I need to organize the collected data.
- B 그게 너에게 힘드니?

- A 아니, 식은 죽 먹기야.

3
- A This is a customized design.
- B 틀림없이 비쌀 거야.

- A 그건 드문 것이기도 해.

과거분사 -ed

정답 문장을 네이티브의 음성으로 들으면서 외워 보세요.

▶ MP3 14_A

1 You have a test tomorrow. You should memorize the listed words. Here is the list.

2 I collected a lot of data. Now, I need to organize the collected data. It will take time.

3 It is unique. This is a customized design. It is worth it for me.

▶ MP3 14_B

1 Q You should memorize the listed words.
Q How many words?
Q At least two hundred.

2 Q Now, I need to organize the collected data.
Q Is it difficult for you?
Q No, it is a piece of cake.

3 Q This is a customized design.
Q It must be expensive.
Q It is also rare.

과거분사+전치사구

A 앞서 만든 짧은 문단 전체를 주어진 시간 내에 다시 써 보세요.

제한 시간 2분 30초

1 저는 제 마음을 정했어요. 저는 진열장에 진열된 그 물건이 마음에 들어요. 저에게 그걸 보여주실 수 있겠어요?

2 저는 당신에게 이메일을 보냈어요. 제가 이메일에 첨부한 파일을 살펴봤어요? 저는 당신으로부터 피드백이 필요해요.

3 저를 따라오세요. 당신을 위해 예약된 자리는 창가 쪽에 있습니다. 만일 필요한 것이 있으면 저에게 알려 주세요.

 과거분사+전치사구

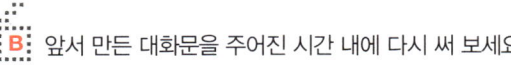 앞서 만든 대화문을 주어진 시간 내에 다시 써 보세요.

⏱ 제한 시간 1분 20초

1

Q I like the item displayed in the window.
B 어떤 것?

Q 저쪽에 있는 것 저거.

2

Q Did you look at the file attached with my email?
B 응, 봤어.

Q 그래서, 어떻게 생각해?

3

Q The seat reserved for you is by the window.
B 저쪽에 있는 것 말씀인가요?

Q 네, 자리에 앉으시면 됩니다.

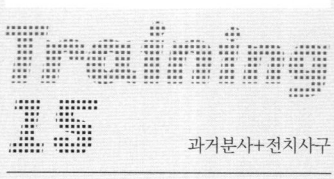
과거분사+전치사구

정답 문장을 네이티브의 음성으로 들으면서 외워 보세요.

   ▶ MP3 15_A

1 I made up my mind. I like the item displayed in the window. Can you show it to me?

2 I sent an email to you. Did you look at the file attached with my email? I need feedback from you.

3 Please follow me. The seat reserved for you is by the window. Please let me know if you need anything.

   ▶ MP3 15_B

1 Q I like the item displayed in the window.
   Q Which one?
   Q That one over there.

2 Q Did you look at the file attached with my email?
   Q Yes, I did.
   Q So, what do you think?

3 Q The seat reserved for you is by the window.
   Q You mean the one over there?
   Q Yes, please take a seat.

현재분사 -ing

A 앞서 만든 짧은 문단 전체를 주어진 시간 내에 다시 써 보세요.

제한 시간 2분 30초

1 이 무빙워크는 길어요. 아이들은 무빙워크 위에서 뛰면 안 돼요. 부모들은 그들을 잘 지켜봐야 돼요.

2 저는 이 영화를 봤어요. 이 난해한 영화는 이해하기 어려워요. 당신이 보고 제게 설명해 보세요.

3 저는 그 방을 걸어 나오는 중이에요. 저는 단지 그 당황스러운 순간을 피하고 싶을 뿐이에요. 당신이라도 저와 똑같이 했을 거예요.

현재분사 -ing

 앞서 만든 대화문을 주어진 시간 내에 다시 써 보세요.

제한 시간 1분 20초

1

A Children should not run on the moving walkway.
B 하지만, 아이들은 항상 뛰어다니는 걸요. 아이들 뒤를 따라 다니는 것이 힘들지 않나요?

A 두말 하면 잔소리죠.

2

A This confusing movie is hard to understand.
B 그 영화의 제목이 무엇이니?

A 인셉션.

3

A I just want to avoid an embarrassing moment.
B 진정 좀 해봐.

A 이 상황에서 내가 어떻게 진정을 하겠어?

현재분사 -ing

정답 문장을 네이티브의 음성으로 들으면서 외워 보세요.

▶ MP3 16_A

1 This moving walkway is long. Children should not run on the moving walkway. Parents should watch over them.

2 I watched this movie. This confusing movie is hard to understand. You should watch it and explain it to me.

3 I am walking out of the room. I just want to avoid an embarrassing moment. You would do the same thing.

▶ MP3 16_B

1 Ⓐ Children should not run on the moving walkway.

Ⓑ But, they are always running. Isn't it difficult to follow them around?

Ⓐ You can say that again.

2 Ⓐ This confusing movie is hard to understand.

Ⓑ What is the title of the movie?

Ⓐ Inception.

3 Ⓐ I just want to avoid an embarrassing moment.

Ⓑ Just relax.

Ⓐ How do I relax in this situation?

현재분사 + 전치사구

A 앞서 만든 짧은 문단 전체를 주어진 시간 내에 다시 써 보세요.

🔥 제한 시간 2분 20초

1 당신은 서둘러야 돼요. 2시에 출발하는 급행 열차를 타세요. 당신은 늦지 않을 거예요.

2 이거 본 적 있어요? 그 가게에서 일하고 있는 제 형이 이것을 가지고 왔어요. 제가 그것을 살 수 있으면 좋겠어요.

3 그 기사 읽었어요? 한 소년과 그의 충성스러운 개에 관한 그 기사는 많은 사람들을 감동시켰어요. 당신도 인터넷에서 찾아서 읽어 보세요.

현재분사+전치사구

B 앞서 만든 대화문을 주어진 시간 내에 다시 써 보세요.

제한 시간 1분 20초

1
- **Q** Take an express train departing at two.
- **B** 왕복표가 얼마예요?

- **Q** 약 25달러 정도 해요.

2
- **Q** My older brother working at the store brought this.
- **B** 그게 뭔데?

- **Q** 그건 새로운 공구 세트야.

3
- **Q** The article talking about a boy and his loyal dog impressed many people.
- **B** 나도 그것을 읽었어.

- **Q** 맘에 들었어?

현재분사+전치사구

정답 문장을 네이티브의 음성으로 들으면서 외워 보세요.

MP3 17_A

1 You should hurry up. Take an express train departing at two. You will not be late.

2 Have you seen this? My older brother working at the store brought this. I hope that I could buy one.

3 Did you read the article? The article talking about a boy and his loyal dog impressed many people. You should find and read it on the Internet.

MP3 17_B

1 Q Take an express train departing at two.
   Q How much is it for a round-trip ticket?
   Q It is about 25 dollars.

2 Q My older brother working at the store brought this.
   Q What is it?
   Q It is a new tool set.

3 Q The article talking about a boy and his loyal dog impressed many people.
   Q I read it, too.
   Q Did you like it?

Training 19

불규칙 동사의 과거분사 -en

A 앞서 만든 짧은 문단 전체를 주어진 시간 내에 다시 써 보세요.

⏱ 제한 시간 2분 20초

1 그는 비밀을 하나 가지고 있어요. 그는 감춰진 비밀을 밝혔어요. 그 비밀은 많은 사람들을 놀라게 했어요.

2 저는 디저트를 기다리고 있어요. 제가 가장 좋아하는 디저트는 딸기 프로즌 요거트예요. 제 사촌과 함께 먹을 거예요.

3 저는 제 패스워드를 또 잊어버렸어요. 제 잊어버린 패스워드를 찾기를 원해요. 그 패스워드는 K자로 시작해요.

불규칙 동사의 과거분사 -en

B 앞서 만든 대화문을 주어진 시간 내에 다시 써 보세요.

제한 시간 1분 20초

1
- **Q** He revealed the hidden secret.
- **B** 왜지?

- **Q** 왜냐하면 그는 비밀스런 삶에서 벗어나고 싶었던 거지.

2
- **Q** They will be here at any given time.
- **B** 그렇다면, 난 기다릴게.

- **Q** 너 그밖에 뭐 다른 필요한 것 있니?

3
- **Q** I want to retrieve my forgotten password.
- **B** 첫 번째 글자가 뭐예요?

- **Q** 이럴 수가! 그것마저도 생각이 안 나네.

불규칙 동사의 과거분사 -en

정답 문장을 네이티브의 음성으로 들으면서 외워 보세요.

1 He had a secret. He revealed the hidden secret. The secret shocked many people.

2 I am waiting for my dessert. My favorite dessert is strawberry frozen yogurt. I am going to have it with my cousin.

3 I forgot my password again. I want to retrieve my forgotten password. The password starts with the letter K.

1 Q He revealed the hidden secret.
Q Why?
Q Because he wanted to stop living a secret life.

2 Q My favorite dessert is strawberry frozen yogurt.
Q But it's not on the menu.
Q Then, what else should we order?

3 Q I want to retrieve my forgotten password.
Q What is the first letter?
Q Gosh! I can't even remember that.

수동태

A 앞서 만든 짧은 문단 전체를 주어진 시간 내에 다시 써 보세요.

제한 시간 2분 20초

1 당신은 출구가 어디에 있는지 알 필요가 있어요. 출구 표시는 그 문 위에 붙어 있어요. 이 복도를 따라가기만 하세요.

2 우리는 그 뉴스를 라디오로 들었어요. 우리는 그 뉴스에 매우 놀랐어요. 우리는 무슨 일이 생길지 몰랐어요.

3 사고가 있었어요. 그것은 즉시 처리되었어요. 이제는 정리가 되어 있어요.

수동태

B 앞서 만든 대화문을 주어진 시간 내에 다시 써 보세요.

⏱ 제한 시간 1분 20초

1
- A The exit sign is placed above the door.
- B 어느 문을 말하고 있는 거니?

- A 네 앞에 있는 그거.

2
- A We were very shocked by the news.
- B 그 뉴스는 말 그대로 모든 사람들을 놀라게 했어.

- A 맞아, 그건 예상치 못한 거였어.

3
- A It was taken care of immediately.
- B 그 후로 모든 것이 다 괜찮았니?

- A 약간의 문제가 있긴 했었어, 하지만 별거 아니었어.

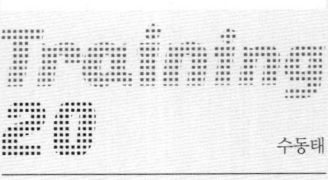

수동태

정답 문장을 네이티브의 음성으로 들으면서 외워 보세요.

MP3 20_A

1 You need to know where the exit is. The exit sign is placed above the door. Just follow this hall.

2 We listened to the news on the radio. We were very shocked by the news. We didn't know what was going to happen.

3 There was an accident. It was taken care of immediately. It is cleared up now.

MP3 20_B

1
Q The exit sign is placed above the door.
Q Which door are you talking about?
Q The one in front of you.

2
Q We were very shocked by the news.
Q The news literally surprised everyone.
Q Yes, it was not expected.

3
Q It was taken care of immediately.
Q Was everything all right after that?
Q A few problems, but they were minor.

현재진행형과 과거진행형

A 앞서 만든 짧은 문단 전체를 주어진 시간 내에 다시 써 보세요.

제한 시간 2분 40초

1 비가 오고 있어요. 사람들이 교차로에서 기다리고 있는 중이었어요. 그것은 바쁜 거리였어요.

2 지금 오고 있는 중이세요? 당신들 셋을 제외하고 그 밖에 누가 오나요? 전부 몇 명이나 될 것 같아요?

3 그들은 이사 나가고 있는 중이에요. 그들이 긴 의자를 옮기고 있는 중이에요. 그 긴 의자가 꽤 무거워 보였어요.

4 그는 도움이 필요했어요. 저는 도우려고 하는 중이었고요. 그는 제가 그를 도와주는 것에 대해 감사했어요.

현재진행형과 과거진행형

B 앞서 만든 대화문을 주어진 시간 내에 다시 써 보세요.

제한 시간 1분 20초

1

Q People were waiting at the crossroad.
B 그 신호등이 고장 났었니?

_____

A 응, 그게 그래 보였어.

_____

2

Q Who else is coming besides you three?
B Jeremy가 오고 있는 중이야.

_____

Q 누가 Jeremy에게 얘기했니?

_____

3

A They were moving the couch.
B 그들이 이사 나가고 있는 중이니?

___

A 아마도.

___

4

A I was trying to help.
B 너는 누구를 도우려고 애쓰고 있는 중이니?

___

A 시험 공부하고 있는 Kathy.

___

현재진행형과 과거진행형

정답 문장을 네이티브의 음성으로 들으면서 외워 보세요.

1. It was raining. People were waiting at the crossroad. It was a busy street.

2. Are you coming now? Who else is coming besides you three? How many people would that be in total?

3. They were moving out. They were moving the couch. The couch looked so heavy.

4. He needed help. I was trying to help. He thanked me for helping him.

MP3 21_B

1
- Q People were waiting at the crossroad.
- B Was the traffic signal broken?
- Q Yes, it looked like that.

2
- Q Who else is coming besides you three?
- B Jeremy is coming.
- Q Who told Jeremy?

3
- Q They were moving the couch.
- B Are they moving out?
- Q Maybe.

4
- Q I was trying to help.
- B Whom were you trying to help?
- Q Kathy studying for an exam.

수여동사

A 앞서 만든 짧은 문단 전체를 주어진 시간 내에 다시 써 보세요.

🔥 제한 시간 2분 20초

1 저는 그 문자 메시지를 읽었어요. 그녀는 어젯밤 David에게 그 문자 메시지를 보냈어요. 그것은 그들의 다음 만남에 관한 거였어요.

2 그가 제 생일을 기억했어요. 그는 저에게 선물을 주었어요. 그 선물은 바로 제가 원하던 거였어요.

3 오늘은 특별한 날이에요. 저는 그녀를 위해서 케이크를 만들었어요. 저는 그녀가 그것을 좋아하기를 바라요.

수여동사

B 앞서 만든 대화문을 주어진 시간 내에 다시 써 보세요.

⏱ 제한 시간 1분 20초

1
A She sent a text message to David last night.
B 그 문자 메시지가 무엇에 관한 것인지 보았니?

A 아니, 볼 기회가 없었어.

2
A He gave me a present.
B 뭐 때문에?

A 내 생일 선물로 준 거야.

3
A I made a cake for her.
B 그녀가 좋아했니?

A 아주 많이.

수여동사

정답 문장을 네이티브의 음성으로 들으면서 외워 보세요.

1 I read the text message. She sent the text message to David last night. It was about their next meeting.

2 He remembered my birthday. He gave me a present. The present was exactly what I wanted.

3 Today is a special day. I made a cake for her. I hope she will like it.

1
- A She sent the text message to David last night.
- B Did you see what the message was about?
- A No, I didn't have a chance.

2
- A He gave me a present.
- B For what?
- A He gave me a present for my birthday.

3
- A I made a cake for her.
- B Did she like it?
- A Very much.

Training 23
have를 써야 하는 네 가지 경우

A 앞서 만든 짧은 문단 전체를 주어진 시간 내에 다시 써 보세요.

제한 시간 2분 40초

1 저는 숙제가 많아요. 저는 먼저 저의 숙제를 해야 돼요. 그런 다음, 저는 컴퓨터 게임을 할 거예요.

2 당신의 일정표를 채워 넣으셔야 돼요. 당신은 고를 수 있는 선택지를 가지고 있어요. 현명하게 골라야 돼요.

3 저는 소리 지르는 것 외에 다른 선택이 없었어요. 그 상황이 저를 그렇게 행동하도록 만들었어요. 저는 그것을 또 하고 싶지 않아요.

4 모르는 척 하지 마세요. 당신이 방금 그렇게 말했잖아요. 제가 그것을 분명히 들었어요.

have를 써야 하는
네 가지 경우

B 앞서 만든 대화문을 주어진 시간 내에 다시 써 보세요.

🔥 제한 시간 1분 30초

1
Q I have to do my homework first.
B 그 후에는 무엇을 할 예정이니?

Q 나가서 놀 거야.

2
Q You have options to choose from.
B 몇 가지 선택?

Q 세 개의 선택.

3

🅐 The situation made me act like that.
🅑 네가 유일하게 혼자였니?

🅐 아니, 다른 사람들도 있었어.

4

🅐 You have just said that.
🅑 내가 무엇을 말했는데?

🅐 네가 그녀에게 마음이 있다고 말했잖아.

🅑 그냥 입에서 (실수로) 흘러나온 말이야.

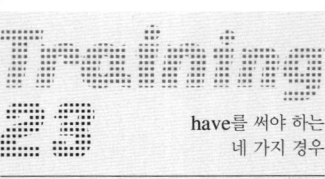
have를 써야 하는
네 가지 경우

정답 문장을 네이티브의 음성으로 들으면서 외워 보세요.

▶ MP3 23_A

1 I have a lot of homework. I have to do my homework first. And then, I will play a computer game.

2 You need to fill up your schedule. You have options to choose from. You have to choose wisely.

3 I had no choice but to shout. The situation made me act like that. I don't want to do that again.

4 Don't pretend not to know. You have just said that. I have clearly heard it.

▶ MP3 23_B

1
- Ⓐ I have to do my homework first.
- Ⓑ What are you going to do after that?
- Ⓐ I will go out and play.

2
- Ⓐ You have options to choose from.
- Ⓑ How many options?
- Ⓐ Three options.

3
- Ⓐ The situation made me act like that.
- Ⓑ Were you the only one?
- Ⓐ No, there were other people.

4
- Ⓐ You have just said that.
- Ⓑ What have I said?
- Ⓐ You have said that you have feelings for her.
- Ⓑ It slipped out of my mouth.

현재완료형

A. 앞서 만든 짧은 문단 전체를 주어진 시간 내에 다시 써 보세요.

제한 시간 2분 20초

1 저는 거기서 무엇을 해야 할지 알아요. 저는 전에 거기에 가본 적이 있어요. 그곳이 제가 제일 좋아하는 장소예요.

2 사람들은 그것에 대해 민감해요. 그것은 수년 동안 논쟁거리가 되어 오고 있어요. 그것은 당분간 똑같을 거예요.

3 그는 그것을 일찍 시작했어요. 그는 그의 리포트를 벌써 끝냈어요. 그는 자유 시간을 즐길 거예요.

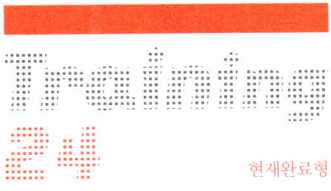

현재완료형

 앞서 만든 대화문을 주어진 시간 내에 다시 써 보세요.

제한 시간 1분 20초

1

Ⓐ I have been there before.
Ⓑ 넌 거기 어땠어?

Ⓐ 오! 끝내줬어!

2

Ⓐ It has been a controversial issue for many years.
Ⓑ 우리가 그것을 해결할 방법이 있을까?

Ⓐ 내가 아는 바로는 특별한 해결책이 없어.

3

Ⓐ He has already finished his paper.
Ⓑ 그가 부럽구나.

Ⓐ 넌 그걸 언제 끝낼 거니?

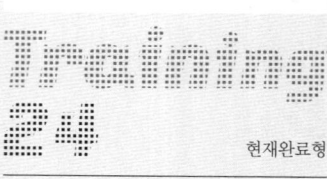

현재완료형

정답 문장을 네이티브의 음성으로 들으면서 외워 보세요.

▶ MP3 24_A

1 I know what to do there. I have been there before. That is my favorite place.

2 People are sensitive about it. It has been a controversial issue for many years. It will be the same for a while.

3 He started it early. He has already finished his paper. He will enjoy his free time.

▶ MP3 24_B

1 🅠 I have been there before.
🅑 How did you like it?
🅠 Oh! It was great.

2 🅠 It has been a controversial issue for many years.
🅑 Is there any way to solve it?
🅠 As far as I know, there is no particular solution.

3 🅠 He has already finished his paper.
🅑 I envy him.
🅠 When are you going to finish it?

미래형과 미래진행형

A 앞서 만든 짧은 문단 전체를 주어진 시간 내에 다시 써 보세요.

🔥 제한 시간 2분 40초

1 저는 곧 사무실을 나갈 거예요. 당신을 로비에서 만날 거예요. 그런 다음 얘기하기에 조용한 장소로 갈 수 있어요.

2 이게 당신이 찾고 있는 거예요. 이게 당신의 기분을 좋게 해줄 거예요. 당신은 나중에 제게 돌려줘도 돼요.

3 저는 4시까지는 집에 못가요. 저는 그때쯤 버스로 집에 가고 있는 중일 거예요. 저는 5시쯤에 집에 도착할 거예요.

4 우리는 이 활동을 위한 새로운 지원자를 한 사람 가지고 있어요. Andrea 가 이 모임에 참석하는 중일 거예요. 그녀는 특별한 역할을 맡게 될 거예요.

미래형과 미래진행형

B 앞서 만든 대화문을 주어진 시간 내에 다시 써 보세요.

제한 시간 1분 30초

1
- **A** I will meet you at the lobby.
- **B** 그게 몇 시쯤 될까요?

- **A** 6시쯤 제 일이 끝나자마자요.

2
- **A** This will make you feel better.
- **B** 너 그거 어디서 났니?

- **A** 내 거야.

3

A I will be going home by bus then.
B 왜 버스를 타려고 하는데?

A 왜냐하면 그게 바로 집 앞에 서거든.

4

A Andrea will be participating in this activity.
B 그런데 Andrea가 누구니?

A 곧 알게 될 거야.

미래형과 미래진행형

정답 문장을 네이티브의 음성으로 들으면서 외워 보세요.

1. I will leave my office soon. I will meet you at the lobby. Then, we can go to a quiet place to talk.

2. This is the one you are looking for. This will make you feel better. You can return it to me later.

3. I cannot be home by four. I will be going home by bus then. I will be home around five.

4. We have a new volunteer for this activity. Andrea will be participating in this activity. She will be taking a special part.

MP3 25_B

1
- Q I will meet you at the lobby.
- B What time would that be?
- Q Right after I finish my work around 6.

2
- Q This will make you feel better.
- B Where did you get it?
- Q It is mine.

3
- Q I will be going home by bus then.
- B Why are you going to take a bus?
- Q Because it stops right in front of my house.

4
- Q Andrea will be participating in this activity.
- B Who is Andrea anyway?
- Q You will see soon.

명사 뒤에 문장 쓰기: 형용사절 1

A 앞서 만든 짧은 문단 전체를 주어진 시간 내에 다시 써 보세요.

🔥 제한 시간 2분 20초

1 그 소리는 일정하고 또렷했어요. 저는 당신이 들은 그 똑같은 이상한 소리를 들었어요. 그 소리가 어디서 난 건지 모르겠어요.

2 그녀는 제게 쉬운 질문을 했어요. 그것은 제가 그녀에게 바로 답변을 줄 수 있는 질문이었어요. 그 후, 모든 일이 잘 해결되었어요.

3 널 위해 사진을 가져 왔어. 그가 내가 네게 얘기한 바로 그 사람이야. 나도 처음엔 그걸 안 믿었어.

명사 뒤에 문장 쓰기: 형용사절 1

B 앞서 만든 대화문을 주어진 시간 내에 다시 써 보세요.
제한 시간 1분 20초

1
A I heard the same strange sound you heard.
B 그게 무섭지 않았니?

A 응, 너무 무서웠어.

2
A That was a question I could give her an answer to right away.
B 그게 무엇에 관한 질문이었니?

A 지금은 말해 줄 수 없어.

3
A He is the one I told you about.
B 그가 도움이 되었니?

A 응, 그가 내가 미리 준비할 수 있게 도와줬어.

명사 뒤에 문장 쓰기: 형용사절 1

정답 문장을 네이티브의 음성으로 들으면서 외워 보세요.

MP3 27_A

1 The sound was steady and clear. I heard the same strange sound you heard. I don't know where it came from.

2 She gave me an easy question. That was a question I could give her an answer to right away. After that, everything worked out well.

3 I brought a picture for you. He is the one I told you about. I didn't believe it at first, either.

MP3 27_B

1 Q I heard the same strange sound you heard.
   Q Wasn't it scary?
   Q Yes, it was very scary.

2 Q That was a question I could give her an answer to right away.
   Q What was the question about?
   Q I cannot tell you now.

3 Q He is the one I told you about.
   Q Was he helpful?
   Q Yes, he helped me prepare in advance.

명사 뒤에 문장 쓰기:
형용사절 2

A 앞서 만든 짧은 문단 전체를 주어진 시간 내에 다시 써 보세요.

제한 시간 2분 20초

1 이것이 그 문제들 중에 하나예요. 제가 가지고 있는 문제는 심각해요. 저는 그것을 더 이상 감출 수가 없어요.

2 그는 밤에 전화를 받지 않았어요. 한밤중에 제가 전화한 사람은 Garry였어요. 그는 제가 왜 늦게 전화했는지 궁금해 할 것임이 분명해요.

3 저는 내일 시간적인 여유가 좀 있어요. 제가 방문하려고 계획 중인 박물관은 Irvine에 있어요. 그게 가까이 있는데도 안 가봤거든요.

명사 뒤에 문장 쓰기: 형용사절 2

B 앞서 만든 대화문을 주어진 시간 내에 다시 써 보세요.

제한 시간 1분 20초

1
- A: The problem I have is serious.
- B: 그게 그렇게 심각하니?

- A: 아주 심각해.

2
- A: The person I was calling in the middle of the night was Gary.
- B: 왜 전화했는데?

- A: 급하게 도움이 필요했거든.

3
- A: The museum I'm planning to visit is in Irvine.
- B: 너 진짜 박물관에 가는 걸 좋아하니?

- A: 그거 말고 다른 거 뭘 할 수 있겠어?

명사 뒤에 문장 쓰기:
형용사절 2

정답 문장을 네이티브의 음성으로 들으면서 외워 보세요.

MP3 28_A

1 This is one of the problems. The problem I have is serious. I can't hide it anymore.

2 He didn't answer the phone at night. The person I was calling in the middle of the night was Garry. He must be wondering why I was calling late.

3 I have some time to spare tomorrow. The museum I'm planning to visit is in Irvine. It is near, but I have not been there.

MP3 28_B

1
Q The problem I have is serious.
B Is it that serious?
Q It is very serious.

2
Q The person I was calling in the middle of the night was Garry.
B Why did you call?
Q I needed help urgently.

3
Q The museum I'm planning to visit is in Irvine.
B Do you really like going to museums?
Q What else could we do?

Training 29 — 형용사, 전치사구, 형용사절을 한 문장 안에 쓰기

A 앞서 만든 짧은 문단 전체를 주어진 시간 내에 다시 써 보세요.

🔥 제한 시간 2분 20초

1 저는 당신이 누군가를 만나고 있는 줄 몰랐어요. 저는 당신이 Miki에게서 받은 긴 문자 메시지를 읽었어요. Miki와 당신은 잘 어울리는 것 같아요.

2 세 개의 큰 가게가 있어요. 제 생각에 당신이 말하는 그 유명한 가게는 Las Vegas에 있는 것 같아요. 당신은 인터넷에서 더 자세한 정보를 찾을 수 있어요.

3 당신은 무엇이 중요하고 무엇이 중요하지 않은지 알 필요가 있어요. 이것은 다음 단계를 위해서 당신이 알고 있어야 할 중요한 정보예요. 당신은 이 정보를 활용해야 돼요.

형용사, 전치사구, 형용사절을
한 문장 안에 쓰기

B 앞서 만든 대화문을 주어진 시간 내에 다시 써 보세요.

제한 시간 1분 20초

1
A I read the long text message you received from Miki.
B 왜 내 전화 메시지를 훔쳐봤니?

A 난 그냥 우연히 그것을 읽게 된 거야.

2
A I think the famous store you are talking about is in Las Vegas.
B 다시 방문할 수 있기를 희망해.

A 그 가게에서 뭐 살 것이 있니?

3
A This is the important information you need to know for your next step.
B 너 그거 어디서 얻었니?

A 본사에서.

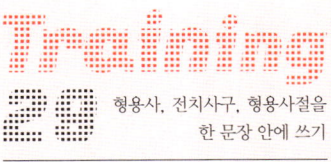

형용사, 전치사구, 형용사절을
한 문장 안에 쓰기

정답 문장을 네이티브의 음성으로 들으면서 외워 보세요.

1 I didn't know you were seeing somebody. I read the long text message you received from Miki. Miki and you seem to make a good couple.

2 There are three big stores. I think the famous store you are talking about is in Las Vegas. You can find more detailed information on the Internet.

3 You need to know what is important and what is not important. This is the important information you need to know for your next step. You should utilize this information.

B 🎧 MP3 **29_B**

1
- **Q** I read the long text message you received from Miki.
- **B** Why did you sneak into my phone messages?
- **Q** I just happened to read it.

2
- **Q** I think the famous store you are talking about is in Las Vegas.
- **B** I wish I could visit there again.
- **Q** Do you have anything to buy in the store?

3
- **Q** This is the important information you need to know for your next step.
- **B** Where did you get it?
- **Q** From the head office.

사람in 은 **훈련**이 영어를 배우는 가장 확실한 길이라는 믿음으로 영어 교재를 개발하고 있습니다.

영어 라이팅 훈련
실천 확장 워크북 ❶

저자 한일
초판 1쇄 발행 2013년 11월 19일　**초판 4쇄 발행** 2020년 2월 18일

발행인 박효상　**편집장** 김현　**편집** 김준하, 김설아, 배수현　**디자인** 이연진　**마케팅** 이태호, 이전희　**관리** 김태옥
디자인·조판 the PAGE 박성미

출판등록 제10-1835호　**발행처** 사람in　**주소** 04034 서울시 마포구 양화로11길 14-10(서교동) 3F
전화 02) 338-3555(代)　**팩스** 02) 338-3545　**E-mail** saramin@netsgo.com
Website www.saramin.com

책값은 뒤표지에 있습니다.
파본은 바꾸어 드립니다.

ⓒ 한일 2013

ISBN
978-89-6049-367-4　13740
978-89-6049-286-8 (set)

우아한 지적만보, 기민한 실사구시 **사람in**

사람이 중심이 되는 세상, 세상과 소통하는 책
www.saramin.com

영어
라이팅 훈련
실천 확장 워크북
Training
01-30

영어
라이팅 훈련
실천 확장 워크북
Training
01-30

영어
라이팅 훈련
실천 확장 워크북
Training
01-30

신속성과 정확성 두 마리의 토끼
빨리 쓰기에 도전하라!

SPEED' 훈련
WRITING

본 교재에서 훈련한 '살 붙여서 이어서 쓰기', '질문&답변 문장 만들기' 부분의 전체 문장을 모아서 한 곳에 담았습니다.

문장 익힘 MP3 음원과 함께 활용하세요! www.saramin.com 자료실에서 다운로드

사람in

영어 라이팅 훈련
실천 확장 워크북
Training 01-30